平衡

管理的道与术

PING HENG　GUAN LI DE DAO YU SHU

韦良军
苏庆威
著

中国财富出版社

图书在版编目（CIP）数据

平衡：管理的道与术／韦良军，苏庆威著．—北京：中国财富出版社，2014.2

ISBN 978-7-5047-5083-9

Ⅰ.①平…　Ⅱ.①韦…②苏…　Ⅲ.①企业管理—研究　Ⅳ.①F270

中国版本图书馆 CIP 数据核字（2014）第 004952 号

策划编辑	黄　华		责任印制	方朋远	
责任编辑	刘淑娟		责任校对	饶莉莉	

出版发行	中国财富出版社	
社　　址	北京市丰台区南四环西路 188 号 5 区 20 楼	邮政编码　100070
电　　话	010-52227568（发行部）	010-52227588 转 307（总编室）
	010-68589540（读者服务部）	010-52227588 转 305（质检部）
网　　址	http://www.cfpress.com.cn	
经　　销	新华书店	
印　　刷	北京京都六环印刷厂	
书　　号	ISBN 978-7-5047-5083-9/F·2074	
开　　本	710mm×1000mm　1/16	版　　次　2014 年 2 月第 1 版
印　　张	15.75	印　　次　2014 年 2 月第 1 次印刷
字　　数	227 千字	定　　价　35.00 元

管理的道与术

在过去，管理是指企业内各系统的管理行为的总和，而在当下，很多看似管理井井有条，让人肃然起敬的企业，不仅不赚钱，而且还亏钱。追根究底，不是企业的管理水平太低，而是管理组织能力太高，精确地管理每一个成员，甚至将他们的行为和思考的系统都纳入了管理的范围。殊不知，如此的管理让企业变成了封闭的城堡。而市场最先淘汰的，就是这样的企业。封闭是当下企业走向灭亡的最主要的原因之一。不管理和管死是管理的两个极端，真正好的管理就是在这两者之间寻求最好的平衡。

现在的企业管理和传统的企业管理不可同日而语，**现在的管理首先是一种生道，是生长型的，生生不息的变革管理行为的总和。**现在没有任何一个企业能够封闭式地去实现发展，因为现实是企业所处的外部环境是开放的。作为企业的管理层，最需要思考的事情实际上是要在哪一条价值链上实现企业的价值。

管理的价值逐步从企业内部转移到企业外部，越是注重顾客价值的企业，越能够适应时代的变化。为实现外部的顾客价值重新组织企业的内部资源，已经成为管理变革最重要的内容之一。为管理而管理人的管理思想已被摒弃。

狭义的管理实际上立足于企业执行层面的流程标准化。这是很好理解的，实现客户价值流程的程序化也是企业管理的一个趋势。客户日益成为企业的同盟和伙伴，在最前沿的管理行为中，对客户和合作者进行管理是一个新课题。

在企业内部，管理看似没有多大的变化，实则变化很大。因为管理的目标已经变化了。虽然管理形式还是一样的，但我们在观察企业管理行为的时候，还是要有一些必需的修炼，这是没有变化的。

企业的下层管理者，其管理行为主要体现在执行层面；企业的中层管理者，既是规划的制定者，也是计划的组织实施者；对于企业的高层管理者而言，管理需要上升到哲学思考的层面，从更高的高度思考企业的管理问题。本书的读者就是企业各级管理者，企业管理的平衡理念是企业各级管理者需要思考和把控的问题，是管理者的必修课。

管理的实质既是一种"施力"的过程，也是一种"受力"的过程，原则上真正的管理是向上管理，因为只有下层管理者超越上层管理者的期望，企业本身才真正地处于发展的状态，这样的企业才能基业常青，上层管理者能够接纳这种超越是最好的管理行为。向下管理和向上管理则形成一个平衡的对流系统。平衡的管理即是各种管理要素相生相克最后达到受力平衡后的状态，受力不平衡就会产生企业某一个工作环节或模块的"位移"。凡是成功的企业，都是有效地实施和发挥了管理的平衡性；凡是落败的企业，大都是因为没有理解和把控管理的平衡性。对于企业执行而言，也要讲求平衡。执行的过程其实也是对具体任务的有效管理的过程，也需要在执行过程中追求平衡。

对平衡管理理念中的"平衡"的理解很重要。"平衡"不是中庸路线，也不是消极地追求"维稳"。关于平衡，需要从两个方面理解，一是要保持管理各要素之间的一种相对平衡的存在状态；二是对于需要改变的现实和必须革命的状况，通过施加管理力，"破"而后"立"，打破消极的平衡状态，经过有效调整之后，达成有利于企业发展的新的积极的平衡状态。

企业都是在用有限的资源去搏击无限的市场，所以管理之道也就是平衡之道。平衡是一种战略性的妥协，妥协基于企业的现实和市场的现实。**管理从来都是灵动的东西，管理服务于企业的经营。管理的本质目标永远不变，那就是赚钱，更多地赚钱。**管理变化的是形式，不变的永远是企业的发展需求。**管理的衡量目标只有一个，那就是成果，没有成果的管理即使表面上看起来再漂亮，也是无济于事的。**

现在，我们要对本书的管理行为描述做一个总结：实际上，真正的管理其实就是顾客管理，真正的管理行为其实就是企业整合内部和外部的资源服务于顾客的过程。其唯一衡量的成果就是绩效，如果还要加上一条社会责任的话，管理必须对社会是有益的。传统的以权谋和掌控为核心的人治管理模式在新的管理模式的冲击之下，日益显现出局限性。

企业追求资源分配的平衡，不要错误地配置资源，将资源配置给最能够创造出成果的部门和人，将企业现在赚钱的业务和未来的战略布局做一个平衡，这样的平衡行为恰恰是本书所要提供的管理思想和管理实践经验的总结。

有些管理者越干越轻松，有些管理者越干越累，区别在于，前者懂得管理之道，后者抓管理之术。何为管理之道？一虚一实，或者虚实整合谓之道。《平衡》一书为读者展现了触摸管理之道的方法——职位与影响；稳定与变革；待遇与激励；控制与授权；稳定与激荡；势能与动能；内敛与外扩；概念与工具。这些都是管理的虚与实的表现，也就是管理大道的若干侧面。

得管理之道，需要在哲学层面思考，感悟。有些人认为哲学无用，其实哲学有大用，当然，大用要在做大事中才能发挥。曾经有个流行的观念，叫细节决定成败。细节与整体是不可分的，细节与整体配合就是"道"。在小企业中，细节的数量相对较少，管理者还顾及得过来。在大企业中，管理的细节超过了个人的负荷，分工、授权很重要。

《平衡》一书主要讲述了个人的平衡与团队的平衡，这是平行视野所见。上下看，有人与天的平衡，人与地的平衡，天地人相合，是更大的平衡。有平衡，就有失衡，平衡稳定，失衡产生动力，一个企业的管理就是在平衡与失衡的过程中逐渐完善的。

从时间维度讲，一个有序发展的企业，平衡的时间远远超过失衡的时间。

要让企业实现基业常青，上一代与下一代的平衡至关重要，这就需要将企业的核心能力形成可传承的模式，代代相传，简称为核育。核育是企业在时空背景中的大平衡，将企业管理中的基因在时空中繁衍、进化。

管理有两条道路，一条是控制的王道，另一条是繁育的生道。一个管理者的能力，不仅仅体现在数量指标上，更重要的是看他的核心能力能不能传承。

管理的目标不只是管理要素的有序化，更重要的是整体化、生命化。生命之道在于平衡，如果将经营企业当作一个生命体的运行状态，也就真的做到了平衡管理。

中央党校研究员、核育论创始人　吴曜圻
2013 年 7 月 9 日

管理的终极——平衡管理

中国式管理，最终是平衡管理！在个人与组织之间平衡；在创新和放弃之间平衡；在组织利益和社会利益之间平衡；在股东和员工之间平衡；在组织和政府之间平衡。这一切做到不容易，因为这些关系都是矛盾的两极，往往顾此失彼，但优秀的管理者往往都能兼顾。优秀的管理者都是平衡大师，不但懂得平衡的重要性，关键还知道怎样实现平衡。

企业的低层管理者，其管理行为主要体现在执行层面；企业的中层管理者，既是规划的制定者，也是计划的组织实施者；对于企业的高层管理者而言，管理需要上升到哲学思考的层面，从更高的高度思考企业的管理问题。这本书就是为企业各级管理者写的，企业管理的平衡理念是企业各级管理者需要思考和把控的问题，是管理者的必修课。

管理的实质是一种"施力"的过程，平衡的管理即是各种管理要素相生相克最后达到受力平衡后的状态，受力不平衡就会产生企业某一个工作环节或模块的"位移"。凡是成功的企业，都是有效地实施和发挥了管理的平衡性；凡是落败的企业，大都是因为没有理解和把控管理的平衡特性。对于企业执行而言，也要讲求平衡。执行的过程其实也是对具体任务有效管理的过程，也需要在执行过程中追求平衡。

对平衡管理理念中"平衡"的理解很重要。"平衡"不是中庸路线，也不是消极地追求"维稳"。关于平衡，需要从两个方面理解，企业管理的平衡概念一是要保持管理各要素之间的一种相对平衡的存在状态；二是对于需要改变的现实和必须改革的状况，通过施加管理力，"破"而后"立"，打破消极的平衡状态，经过有效调整之后，达成新的有利于企业发展的积极平衡状态。

本书能在较短的时间内出版真诚感谢秦富洋、方光华、陈德云、刘星、曾庆学、李志起、杨勇、李高朋、孙汗青、陈春东、王京刚、陈宁华、王军生、辛海、蒋志操、王咏、赵国星等人在制图、文字修改以及图书推广宣传方面的协助。

作　者

2013 年 12 月

目　录

第一章　职位权力与非职位权力影响力

> 发挥职位权力的权威性，利用好非职位权力的影响力，不偏废，双管齐下。

第二章　权力、责任与利益相匹配、相适应

> 有权，有责，有利，缺一不可。权力的大小、责任的轻重、利益的多寡，需要管理者精心统筹、平衡和调控。

第三章　相对稳定与适时、适度变革的机理

> 谈平衡，并不是消极的"维稳"，变革中的"稳定"最"平衡"。

第四章　待遇：公正原则之上的激励性

> 绩效管理中需要重视平衡理念。

第五章　控制与有效释权

> 控制与释权中进行"收"与"放"的平衡管理。

第八章 团队内外张力的平衡和控制

平衡管理思维在团队行政管控中的指导和运作十分重要。

第九章 平衡管理工具:平衡计分卡 BSC 系统

平衡计分卡是一种战略绩效管理及评价的实用工具。

第一章

职位权力与非职位权力影响力

发挥职位权力的权威性，利用好非职位权力的影响力，不偏废，双管齐下。

第一节　职业岗位赋予管理者的权力

一、职位权力"四位一体"：归位、到位、不失位、不越位和体现权威性

职位在企业中是资源分配者的一个符号，它被授予给企业的员工，并赋予员工以权力。笔者觉得，按照中国企业管理者的思路，权力是比较好理解的一个词，因为官本位是非常中国化的思维，任何一个人在企业里或者其他的组织中，头衔本身就意味着能够掌控更多的资源。然而，更好职业的后缀应该是职业的责任和使命，而不仅仅是权力。

在企业中，管理目标只有一个衡量标准，那就是在恒定的时间内，职位上的员工给企业创造了多少效益，如果员工没有为企业带来成果，那就不能成为一个合格的管理者，被赋予的职业权力也就无从谈起。

以前的管理，总是基于一种假设，那就是企业只有一个管理中心，这个管理中心其实就是老板，他拥有对企业绩效负责的大部分权力。一切管理都是对老板负责，老板是整个企业游戏规则的制定者，领导者，也是仲裁者。

对于小企业的管理，职位权力可以集中于一个人或者少数几个人的团队，但是对于大型企业来说，**这种职位权力的随意性则是致命的。**

虽然企业职位的权力在企业中占据了很重要的位置，但管理职位相比以往的企业经营显得更加重要，但是职位权力必须克服以往的随意性，必须根据企业的现实和市场的现实去作出最准确的决策，然后靠正确的决策形成可执行的计划，去实现企业的发展。

在这个服务的过程中，会形成一种相对标准化的流程，这个流程，

就是每一个人在自己的职位上做好自己分内的事情。当然，管理职位权力的最佳结果就是组织中的每一个人都去做自己最擅长的事情。让平凡的人一起去完成不平凡的事情，这就是协作的力量。管理的直接目的就是利用团队的这种协作力量，去完成企业的日常工作和变革任务。

中国式管理实际上还是以人为核心的管理。管理过程中仿佛一切都成了学问，管理学成了一种禅学，很多东西都需要个人人性上的历练。很多的中国企业以"情"字为核心，这是很多民营企业拜关公的原因之一。其实情感和兄弟关系不能代替正规的企业管理，中国企业现在的竞争环境要求企业一开始创业就要做一个有国际竞争力的企业。粗放式的带有发展隐患的企业管理机制会大大增强企业内部的沟通成本，使得企业在竞争中犹如昙花一现，不可能获得大的发展。

中国式的企业管理多数都是中央集权制度企业，所以在企业老总的权威性上面做足了文章，因为中国人历来相信"领导英明"。万通董事局主席冯仑认为：中国企业领导者在企业管理中的家天下情结非常严重，企业大了就变成了官场，企业小的时候就变成了江湖。

很多中国企业中的中层管理者，变成了企业老板的谋士或者助理，他们总是不能自主的创造性的完成自己的工作，导致权力不能归位，这在小企业中非常普遍。精力充沛型的老板最容易保持创业之初拼命三郎的状态，总认为自己能够将事情干得更好，比如秘书的文稿，他也需要花半天时间来处理。这就造成了失位的行为。要知道，在企业，老板的时间是最宝贵的，老板需要专注于企业的发展机会，而不是代替员工去做事。

老板只需将任务分配给最擅长的人，将企业的目标做成很多的子目标，按照团队的方式去完成就够了。一个企业主或者老板需要修炼自己在决策方面的能力。帮助员工去做事，有时候专业能力还不如员工，这就丧失了管理的权威性。实际上，只要老总做到了正确决策，对于企业来说已经是最大的贡献了。决策失误所造成的后果严重程度大于绝大部分事务性错误的后果。

在现实的制造业企业管理中，职位权力是"四位一体"的——**归位、到位、不失位、不越位和体现权威性。这是管理的原则，在一般的制造业企业中，必须按照标准的流程去做事。**

现代管理的复杂性超越了很多单个人的思维，每一个企业都是特殊的人才群体，维持一个组织的运作有很多的显性的管理方式，也有很多的隐性的管理方式。企业行为是一种类似于生态系统的东西，我们不可能在小作坊中去推进跨国公司使用的标准管理的流程。

我们将企业产品分为**标准质量产品和非标准创意质量产品**。标准质量产品需要建立严格的流程，如六西格玛管理是大家都很熟悉的管理模式，戴明的全面质量管理的思想价值是不放过一个管理细节，每一个管理系统，比如零部件的制造过程，都必须自我进化，越来越好。

其实在很多的小企业中，管理本没有那么多的章法，它们实际上就是一个营销公司，在运营的实践中所谓的管理实际上就是一个目标管理，其他的流程均服从于目标。按照德鲁克的话来讲，这样的企业实际上是一个昆虫的结构，有一副比较硬的骨架，在小企业当中，这样的管理结构没有问题，但是如果这个企业要做大的话，很多问题就出来了。大一点的企业必须靠制度，有时候死的流程有它自己的作用。德鲁克认为，如果一个小企业要做大做强的话，比如换掉自己的管理工具，就必须进行基因的变革，这是管理环境决定的。

任何企业在发展过程中，都需要经历蜕变，也就是从一套简单管理规则变成制度化的企业。**职位权力"四位一体"在这样的企业中是制度化的，否则无法实现大型组织的协同。不论几千几万还是几十万人的组织，都有自己的独特的组织规律，很多企业在二次创业过程中失败，很多时候在于大的人群组织还在使用简单的管理模式。**

将一个组织整合起来形成系统合力不是一件容易的事情，运作的系统制度必须得到尊重，这样的企业中，如果个人总是寻求制度突破的话，那么组织的管理就会混乱，导致管理丧失了原来的方向。

这就是企业为什么半小时能够解决的问题偏要去走程序，最后三天解决问题的原因。大企业的逻辑就是这样，很多人不理解，抱怨这是大企业病。其实这是大企业的管理逻辑，大企业可能有比较自由的部门，在企业的体系之外为企业成立一个独立的公司或者事业部，而不能将一个创意的部门或者研发的部门放在大企业的体系之下，因为不同的管理模式适应不同的组织。

二、刚性说服力：职位权力是发挥管理效能的主推力

对于现在的企业管理来说，将员工分为能够进行自我管理的员工和不能够进行自我管理的员工。这同样是一种企业管理的假设。在企业中，我们不能够区分谁能自我管理，将自己的责任和使命始终摆在重要的位置，明白自己下一步要去做什么，有一个明确的目标。

将职位权力赋予能够自我管理的员工，他们就能够完成比企业期望得到的成果更大更好的成果，而且具有延续性。若将职位权力赋予不能进行自我管理的员工，则该企业部门很可能会陷入企业上司和下属争取业绩功劳的情况，让企业的经营进入一个怪圈。

职位权力主要的表现还是对企业发展进程中的话语权的把握。只不过传统的企业管理更加强调上传下达，而现在的企业管理则强调在管理中建立一个对等交流的管理机制。

在企业中，企业如何去做事，判断的标准在一段时间内是不变的，但是随着时间的推移，很多管理者会变身为一个变革推动者，因为现在的市场是不恒定的，所以不要指望企业能够恒定地去完成一个任务。管理的静和管理的动实际上是一个开环系统，市场竞争的变化可能随时都会摧毁企业内的静态的管理模式，企业的管理形态必须符合市场的现实。如何引领企业的变革，沟通至关重要。

企业沟通成本是非常大的，潜性的沟通成本对于企业具有非常大的影响。沟通分成很多个层次，对于企业领导层内部的沟通，实际上沟通的推动者可能是领导集体中任何一个成员，这是团队中的**柔性的沟通能力**。这基本上都是企业决策的过程，企业领导层在作决策的时候，需要在企业中达成一种共识，这种共识只有经过良好的沟通，才能得到别人的理解，对于决策的风险才能够做出大致的评估。即使是独断专行的领导者，也需要核心团队的理解，所以在决策层基本都是商量着办事，小范围的理解是任何事情推进的规律，企业不能无视这种规律。

当决策层已经作出决策，很多事情就变成了执行层面的事情，也就变成了项目，项目也就进入了企业的管理流程。企业的项目到了执行层，考虑的事情其实就是执行力的问题。战略就是决策，决策总是短暂的，唯有执行才是一个持续的过程。

企业的执行力和制度效能是正常项目运营的根本，决策转化为企业执行细节的过程，实际上就是沟通的过程。企业的方向已经明确，剩下的工作就是如何让企业团队明白自己的方向和目标。将企业总体的目标分切成很多的子目标，有时候基层的员工看不到企业的全貌，给予他们的只能是企业的子目标，也就是企业中每个人都会有自己的新的工作目标。

在大的企业中，管理必须依靠职位权力，职位权力和制度官僚主义其实是一体的，职位权力带来的是一种带有压制性的管理风格，虽然我们不提倡压制性地去管理员工，但这种管理风格却能够带来很好的执行力，但是仅仅限于一些标准化流程复杂的企业。

管理企业需要一种**刚性的说服力**，因为职位权力是发挥管理效能的主推力，压制式的管理是为了让员工自己知道该干什么，是知其然；而运用企业的远景和价值观等工具是为了让员工知其所以然。

企业内部的协同能力依赖于人员之间的沟通，领导员工最重要的工作实际上就是关系协调，而协调的过程中如果能够让员工心理上不产生抵触情绪的话，那就能对企业目标的实现起到推动作用。

大多数人都知道应该怎样完成自己的工作。假如他们不知道的话，就要马上学习并掌握，否则很快就会被别人替代。不过，他们是否真正理解公司在努力完成什么，自身又在其中扮演什么样的角色？他们是仅仅专注于自己的本职工作，还是以完成公司的使命为重？

美国知名管理学者吉特尔教授认为，缺少共同目标、相互理解和相互尊重的组织，将缺少集体认同感。个体不会强烈地认同组织，不会考虑集体的最大利益，而往往更多的关注如何更好地完成自己狭小职责范围内的任务。

职位权力不仅仅是管理自己的员工做事，也必须增强企业内部机构的关联性。一个内部关联性不好的企业注定不是好企业。

吉特尔教授用"关系协调"一词来描述一些成功公司巨大的竞争优势，这其实是一个用来描述团队协作的术语。换句话说，就是让不同职能部门的人，朝着一个共同的目标而努力。"关系协调"不仅可以造就一个优良的组织，而且能够使其表现不同凡响。

有些人认为，给员工进行有关公司使命和价值的教育，是不必要的学术试验，实际上，这正是建立公司文化的第一步。在这样的文化环境里，员工可以感觉到自己投身到公司的成功中。在这样的团队里，他们感到自豪，有实现目标的成就感，知道自己在作出一定的贡献。这不仅仅适用于制造业，所有的商业领域都是如此。

吉特尔教授证明，用"关系协调"方式所组成的团队，可以同时提高工作效率和客户服务水平。"关系协调"是管理实践的法宝。

企业人际关系的本质是在职位权力的协同之下完成组织的目标，实现市场价值，所以贯彻目标就是职位权力的功能。**行使职位权力虽然有一定的刚性，但还是需要靠平等的人际关系协调来让员工理解企业的发展；但是企业也理解员工的个人需求，其实二者是一种对称平衡的关系。**

对于员工而言，很少有哪种需求能够比实现自己的梦想、充分发挥才能、取得与他们的能力相称的成就的需求更为强烈。那些未能满足员工这方面需要的企业，往往会失去最优秀的员工，或者导致员工越来越愤激，越来越不满，献身精神越来越差。

心理学家亚伯拉罕·马斯洛提出，人的最终需要就是"越来越接近希望的那种样子，越来越变成自己能够成为的那种人"。赢得员工理解的一个关键因素就是帮助他们完成自我实现——使他们都充分发挥自己的潜能并获得成功。

中央党校教授，超越之路研究组成员吴耀圻教授认为，企业领导者在使用自己的职位权力的时候应小心谨慎。在大部分管理行为中，要满足于做一个下属导师和教练的角色，促进员工的自我成长，生长型的员工才能够成为企业发展生生不息的资源，企业是一个平台，你凭目标事先修剪枝叶，这是权力因素；但是你如果能够让强壮的枝叶生长，给予人能力和希望，那么就不知道这一个枝上能够结出什么果子来。在企业中，沟通并共同成长是最佳的策略。企业必须变成一个不断生长的系统，而沟通就是系统的神经系统。

许多企业没有认识到满足员工需要，帮助员工自我实现的重要性。正如一个健康的人必然要逐渐成熟并变成一个大人一样，员工也同样要逐渐地向一种越来越活跃、越来越独立、兴趣越来越强烈的境界演化。

随着一个人从具有孩子特征的服从角色逐渐演变成为具有成熟的成人特点的平等角色，他们对自己的行为也会越来越有意识，同时对自己的控制力也越来越强。那种提供短期的工作，实行独断的监督，只给予员工相对较少的发展机会的做法，实际上是通过迫使雇员成为一个具有依赖性的、消极的、服从的角色来阻碍雇员完成上述成熟过程。

谷歌公司所实行的管理实践是以确保所有雇员都有机会完成自我实现为出发点的。它们帮助了所有雇员有机会对自己的职业能力、兴趣以及职业偏好形成一个比较现实的整体印象。它们还确保所有的雇员都能够使自己在企业中获得平等的提升机会。这些使得雇员在今后更容易作出职业选择以及进行工作变动决策，同时有利于他们开阔自己的眼界并向自己提出更大的挑战。

行使职位权力的另一个方向就是配置人力资源。也许企业的管理目标是刚性的，职位权力也是刚性的，但是如何发挥员工最大的效能却是管理的职能所在。能够科学的围绕目标，为企业配置资源的权力运用和说服就是推动企业继续发展的主要动力。

三、行使职权是门学问，需要平衡权力、服务、责任三大关系

在企业中，行使职权确实是一门大学问，因为任何高明的战略最终都是要落实到执行层面上去的。检验企业管理有效性的根本手段就在于落实企业的战略构想。

在本章节中，其实我并不想讲很多的权力因素。我一直强调的是企业的内部沟通成本需要降低，因为很多企业，包括很多的外资企业的老总都跟我讲，现在企业七成的精力都用于内部沟通和协调，真正用在实处的精力可能不到三成，沟通障碍成了企业最大的内耗源。

在企业中，如何行使职权是一个很重要的问题。易宝支付总裁唐彬认为，"权力只是用来服务于责任"，用平等、开放的心态为员工、孩子服好务，比什么都重要。作为互联网行业的创业者，唐彬把开放、分享的心态看得比什么都重要。

唐彬认为，每个人都是独立、平等的个体。而领导的本质是服务，要懂得如何尊重员工的想法，以平等的心态与员工沟通，为他们服好务。管理者如果没有平等、开放的心态，企业是无法生存下去的。而在

互联网时代，更需要开放的心态与大家保持信息的畅通。

不管在工作中还是生活里，唐彬一直把自己定位为一个"服务者"——在团队中要学会服务于员工。他说："我个人觉得，自己的作用就是给员工搭一个平台，让他们在上面尽情舞蹈，尽情发挥自己的优势。在家里也是一样。"

在这个时代，分享只会让你获得更多的财富，而不会失去什么。领导者是一个好的导师，**权力、服务、责任三大平衡的表现形式就是分享企业的知识和成果，服务的本质也就是分享，责任是由内而外的，这是一种内在的担当，而权力则通过服务和责任获得，在组织中是一种自然的领导地位。**

领导者在企业中的角色，一般情况下都是综合的。算起来，最重要的角色应该就是一个向导了，一匹识途的老马而已。很多领导者都将把企业带出去，走得更远作为自己的责任。责任在他们的眼中是最重要的事情，因为失去方向的企业是最可怕的。

据说，探险队在南极的时候，最怕的不是暴风雪，而是遇到白化天气：眼前白茫茫一片，看不见任何参照物，完全找不到方向，如果没有GPS定位，将寸步难行。其实，人生的路上、工作的过程中，也经常会出现"白化"，没有参照物就找不到方向。然而，选准参照物是至关重要的。一辆以每小时80千米的速度在公路上行驶的汽车，假如把行人或自行车当参照物，那汽车是快的，但把空中的飞机、火箭当作参照物，那汽车就是慢的。对于人生而言，需要一个参照系而不仅是一个参照物。我们首先要做的，就是找到一个合适而尽可能广阔的参照系，并从中找到自身的正确定位和存在的理由。

领导者和管理者实际上需要为每一个员工找到自己的方向，这是管理的意义，也就是每个人的努力变成对企业的贡献。其实，在企业中，地位越高的人越要强调奉献精神，这是一种组织精神，将组织发展的情况视为自己的责任。领袖实际上从某种程度上来说，就是奉献者，若只是使用手段驾驭企业组织，完成自己的个人目标，那么这个领袖就陷入了权谋。奉献走到极端会出现伟大人物，而权力走到极端则容易出现无耻小人。所以，权力和责任的平衡是很重要的问题。服务精神则是一种普遍的职业精神，这在任何健康的企业组织中，都会强调的一种服务精神。服务精神就是按照自己的职业良心去做事，对于自己从事的工作做到身心合一，这当然是一种比较理想的状态。

易宝支付"仆人式"管理模式就是一个很好的例子。权力服务于责任，领导者的权力是为责任服务的。在企业中，落实责任需要相应的权力配套，因此要用服务的心态使用这个权力。制定规则的本身不是为了限制每个人，而是为了更好地服务大家，让团队中每个成员都能更好地成长。服务的心态首先体现在对员工的人文关怀方面，唐彬特意为员工聘请了专业的"中医技师"，只要员工感到疲劳，就可以请技师按摩；夏天到了，还会为各个部门免费发解暑品。"管理者拥有的权力不是用来发号施令的，而是为了服务于它的责任。"

唐彬认为，企业人最重要的一点就是要有职业精神，这和我们表达的权力、服务和责任平衡的概念完全一致。权力能够调动资源创造价值，服务能够体现市场价值，责任则是一种发自内心的职业要求和素养。当领导的人，必须要充分信任你的员工，给他们权力，让他们去发挥，不要怕他们犯错。唐彬最愿意做的事情就是"鼓励员工自己做判断"。

有一次，有位客户打电话给客服"抱怨"充值没有成功，"其实只是在流程上耽搁了。客服接到电话后立即用自己的钱帮客户解决了问题，"唐彬表示，"紧急情况下，允许员工越过上级，直接运用自己的价值判断去解决事情。对于员工垫付的钱，公司有义务去承担。"易宝作为一个提供网上支付服务的企业，原本对钱应该非常"敏感"，但是唐彬反复强调的只有一句："我相信自己的员工。"

　　唐彬觉得只要员工能够站在职业精神的视角去看企业的行为，发现其实在死的制度边上还有一个广阔的空间，那就是企业价值观，真正地将自己的客户当成客户，不是思考如何突破制度，而是在制度范围内如何发挥自己最大的主动性。企业的发展动力更多来自企业人的内心，制度需要鼓动员工，让员工充满内在的动力。

第二节　与职位无关的非职位权力影响力

一、形成非职位权力影响力的因素及其使用价值

在组织中，权力因素在军队这样的组织中占据主导地位，战场因素和其他的任何生存环境都是不一样的。在流血的政治中，权力因素也占到了主导地位。人们敬畏一个人，实际上是权位的影响力，而不是个人由内而外的影响力。权位影响力在专制型的组织中起到主导作用，这种金字塔形的组织是一个向上负责的完整体系，上一级的管理者掌握着下属的命运，所以下属对于上司是一种屈从和害怕，而不是甘愿接受上司的领导。

在一般的企业中，人是靠个人的影响力主导的，权力因素虽然很重要，但是在开展工作的过程中，主要还是靠个人的一些特质在做事，不管是什么样的领导者，首先他也是一个专业人士，很多人认为自己企业的领导一无是处，实际上他在驾驭企业的过程中，那种平衡的能力是需要足够经验的。

管理者不是一部机器，他是有血有肉的人，作为一个个体，他首先会有自己的个性特征。管理者拥有的权力因素发挥的效能是短期的，因为在企业中，受到员工尊重，最重要的判断是给企业作出了贡献。

所以，总是强调权力的人是不正常的，权力是一个平台因素，意味着能够调动更多的资源，在使用资源的过程中实际上面对的都是一个个人，推进事情的时候，靠的是权力因素，但是完成事情的质量，却需要更多的非职位权力因素。

在企业中，个人影响力最大的源泉就是对企业贡献的大小。没有贡

献的人当然是没有影响力的，在这样的判断之下一切都会变得很清晰。这使得我们在企业中也有一个标准，能够判断出一个人在企业中的作用。对于企业领导者边上的团队成员进行一个比较客观的衡量，不能再产生"小人常得志，君子靠边站"的抱怨心态。

作为领导者，必须要有自己的过人之处，也就是在自己领域的能力。企业是一个团队和群体，企业能够创造奇迹，事实上都是使用了团队成员的长处，在企业中的影响力，主要就看这个人的专业能力能够对企业产生多大的影响。如果一个研发人员发明了一个革命性的革新产品，并且进入市场获得效益的时候，实际上他的贡献是很大的，所以一个人有多少学识有时候并不重要，但他能够用自己的专业能力为企业创造巨大的经济效益，这就是非职位权力影响力，因为这个专业人员是一个专业人士。

当然，一个人的学识还是有用的，他能够凭借自己雄厚的知识基础协助企业拓展自己的地图。企业的本质就是经营自己的知识，如果团队组织没有足够的知识储备，也就限制了自己企业的眼界，企业保持自己的价值观不变，但是很多经营的内容是可变的，很多企业的未来走向就是这些知识广博的管理者和员工提出来的。这些学识很好的员工能够看到其他人看不到的图景。如果一个员工对企业提出了新的战略方案，虽然他本人不在决策层，但是他的见地和学识能够为企业所用，就认为这个人是企业中有重要非职位权力影响力的人。

一个管理者在企业内的影响力大小，关键不在于人们在表面上的应承和奉承，而是他在场合之外，人们还是一样尊重他的意见，大家会设想，如果这个人在，他会怎么做？这就是真正的非职位权力影响力。

企业组织是成为一个死气沉沉的组织，按照企业的规则做事，还是关系融洽，给个人最多的自由空间比较好呢。在组织管理里，还是能够容纳个性因素的，一个阳光的人总是比不阳光的人拥有更大的影响力，一个能够给别人带来正能量的人当然是受欢迎的。所以，整天面色阴郁，让人觉得深不可测的领导者或者管理者，实际上限制了自己的个性发展，也减少了自己的影响力。

同样的职务，不同的影响力，职务是企业赋予给个人的，但是如果发挥好自己职务权力职能，就需要构建自己的影响力。个人影响力的未来在于能够在利己和利他之间寻求一种平衡，能够不以自己手中的权力为管理工具，而是以一种将下属视为完整的个体、完整的人，然后设法进行一种平等的沟通，在沟通的时候也需要申明自己的两个角色，任何的影响力输出的要求首先就是做到尊重。

非职位权力影响力的效能在于建立一个强有力的组织，其实人们总是将生活是生活，工作是工作这样的字句奉为标准，实际上工作就是生活的一部分，即使在企业内是个老板的角色，也需要调试自己的内心，建立一种开放而不是压抑的环境。开放的环境让人觉得快乐轻松，也能够获得更多的工作热情，愿意投入自己的情感，增加企业团队成员的归属感。

员工的发展在很大程度上依赖于企业合理的职业管理。企业首先要为员工创造一个能够施展才华、实现自我价值的舞台，同时善于引导，让员工在企业中能够找到一条发展道路，把全部身心融入到企业的发展中，奉献全部智慧。

一个企业能够发展壮大，往往是因为企业管理的非职位权力因素占到了主导。以万科为例，我们能够看到这样的企业中，权力之外的价值观起到了很大作用。

万科有一套自己的流程和制度，而且在贯彻制度的时候是不含糊的。作为全国性的企业，在管理的过程中不走样很重要。所以，万科在全国的公司都有"忠实于制度""忠实于流程"的价值观和企业文化，确保了制度与规范得以规范和充分落实。

万科是一个文化强势的公司，有明确的价值观体系，要融入万科，就要认同万科的价值观。万科很早就有意识地把企业文化进行系统的梳理，并进行有意识的宣传，既针对公司内部，也针对公司外部。他们把企业的宗旨确定为"建筑无限生活"，愿景确定为"成为中国房地产行业的领跑者"，核心价值观定为"创造健康丰富的人生"。

许多人注意到王石天天不务正业，今天登山，明天飞伞，后天航海。这从一个方面说明万科已经建立了一套合理规范并执行有效的现代企业制度。其实他在爬山的过程中就是在践行万科的管理精神，王石在企业里发挥的作用更多的是非权力影响力。王石能够引领万科，这在过去是事实证明了的，他是万科事实上的精神领袖，为万科建立了制度系统，也打造了完整的价值观，并用价值观去领导员工，是杰出企业的基本特征。

王石对于企业的价值观非常看重，20 年的风雨历程万科最值得骄傲的事情，就是在行业还有待成熟的时候，建立和守住了自己的价值观，在任何利益诱惑面前，一直坚持着职业化的底线：对人永远尊重、追求公平回报和开放透明的体制。

企业文化对于平衡集团管控中的种种矛盾和争议，起到了决定性的作用。和很多中国企业不同，万科从创立初就一直努力按照西方企业的治理结构和管理方式来运营企业，本身的这一套集团管控体系是构架在公司充满人文精神的企业文化上，这种模式容易复制，但是模式赖以存在的文化基础很难复制。

王石是一个很自律的人，也就是说他在使用权力的时候做了一个领导人应该做的事情，好的企业就是能够尊重人。在很多情况下，企业能否赢得员工献身精神的一个关键因素在于其能否为自己的员工创造条件，使他们有机会获得一个有成就感和自我实现感的职业。

企业有义务最大限度地利用员工的能力，并且为每一位员工都提供一个不断成长以及挖掘个人最大潜力和建立成功职业的机会，让员工看到希望，这些不是权力能够带来的，企业不亏待员工，从过去推导未来，员工信任企业，将自己的热情投入到企业中，这样的企业就能够获得更好的成长。

二、非职位权力影响力强化和补充职位权力

我们在分析了价值观管理在企业中的重要地位后，就需要思考如何在自己的企业中进行非职位权力影响力的强化，以作为企业发展动力的必要有益的补充。

企业的权力其实只在内部的资源分配中起作用，企业必须遵循市场的规则，这是一条铁律，乔布斯就是一个艺术家型的企业家，这样的企业家凤毛麟角，不能作为企业普遍的市场影响力规则。在苹果企业的内部，人们知道乔布斯是一个不好相处的人，也知道他对工作要求完美，他对所有同事的工作都提出了高要求，这是权力因素，也是苹果曾经的君主。因为乔布斯是苹果公司的首席执行官，所以他的影响力体现在两个方面：一个就是对身边亲近同事高压领导方式，这是乔布斯颇具风格的管理。乔布斯如果仅仅用权力因素去影响苹果的领导层，他就不能快速的领导企业获得那样大的成就，按照专业的定义，影响力一般指的是用一种为别人所乐于接受的方式，改变他人所乐于接受的方式，改变他人的思想和行动的能力。影响力又被解释为战略影响、印象管理、善于表现的能力、目标的说服力以及合作的影响力等；另一个就是乔布斯在企业中贯彻了自己的企业文化价值观，那就是苹果的产品必须是革命性的，不容许折中主义。这样鲜明的风格实际上就是苹果的风格，这成为了苹果员工的工作标准。而乔布斯和其他员工群体之间的关系很明确，就是立于个人非职位权力影响力的输出。

职位权力的影响力适合小组织，而不适合大组织，也就是说，即使

像苹果这样的公司，其管理模式也是职位权力因素加上非职位权力影响力的综合体，你很难说清楚哪一个能够更好地解决具体的问题。依靠职位权力影响力，按照组织行为学的一般规律，最多能够影响 8 个人，在这个之外，也很可能会让管理协同工作失控。

就笔者的观察，很多大企业在微观上其实还是一种职位权力影响力主导的结构，因为那些大企业其实是由很多的作业单元组合在一起的，这些作业单元也就是独立的部门，实际上就相当于一个小企业。在他们的管理结构中，还是有一个领导者的。至少他们需要为自己的部门负责，在执行公司总体目标的时候，还是职位权力因素占主导。员工的自由是在出色地完成自己的目标之后。

对于企业中的个体来说，职位权力因素的压力随时都是存在的，这是不争的事实。很多程式化的工作也不需要太多的非职位权力影响力，比如财务系统和行政系统，这些企业部门就是一种基础的工作部门，实际上都是支持部门。

非职位权力影响力实际上对于知识型企业是非常重要的，因为知识型企业不是标准化的流程就能够出成果的，或者即使在限定的时间点上完成了工作，但是成果的质量是需要用一种另外的衡量标准的，乔布斯比较简单，直接就是死命令，不是革命性的想法就不要来烦我。其实这只是一种外界的传闻，即使苹果优秀的工程师，我们也不能命令他说，在下周一的早晨，我希望在我的办公桌上有革命性的方案。

与职位权力影响力相反的另一种影响力是非职位权力影响力，非职位权力影响力也称为非强制性影响力，它主要来源于领导者个人的人格魅力，来源于领导者与被领导者之间的相互感召和相互信赖。对待知识型的员工，主要就是靠一种**感性的管理力量**。

专家认为，构成非职位权力影响力的因素主要有：品格因素；才能因素；知识因素；情感因素。德鲁克早在几十年前就说过，未来的企业管理中，会面对更多的知识工作者，如何管理专业人士成为未来管理的重头戏，如何提高专业人士的工作效率，已经关系到企业甚至国家的繁荣进步。在这样的管理组织中，就需要建立新的管理逻辑，而不是用职位权力压制他们去完成自己的工作，因为工作是创造性的，所以你很难要求一种知识工作也能够实现流水线式的生产。

非职位权力影响力表明了一种试图支配与统率他人的倾向，从而使一个人才去采取各种劝说、说服甚至是强迫的行动来影响他人的思想、情感或行为。无论是观点的陈述，障碍的扫除，还是矛盾的化解，风险的承担，具备该素质的人都会以愿望或实际行动去推动其达成或实现。因此，这类人通常能够在一个团队里树立个人权威。

德鲁克认为，管理知识工作其实也是有规律可循的，那就是将个体放在人才辈出的环境中，让这样的专业人士对自己提出要求。专业人士会根据自己同事完成的工作标准来完成自己的工作，如果在组织中有杰出人士的话，就能够带动所有的团队。这就是非职位权力影响力的强化。

非职位权力影响力在组织中如何发挥，就需要领导者建立正直的品格，这是对于职位权力最好的补充，没有一种权力能够代替正直的品格。正直的品格能够增进权力影响力，更能够增进非职位权力影响力的发挥。

权力性影响力对人的影响具有强迫性、不可抗拒性，它是通过外推力的方式发挥其作用。在这种方式的作用下，权力性影响力对人的心理和行为的激励是有限的。保证大集团的工作协同必须依靠正直的人格，很多时候我们说无商不奸，其实这就是企业的价值观出现了大问题，那些抱定无商不奸的价值观的管理者和企业是走不远的，他们不可能建立世界级的企业。这是由企业基因决定的。

三、从"功高震主"说起：分析非职位权力影响力之利与弊

"功高震主"是一个很中国的词汇，中国封建社会历史比较长，在任何一个组织中，都会有一个主子的概念，跟"天下为公"思考模式

相对的实际上就是"天下为私"。在商业活动中，企业内部的人员似乎从未停止过分分合合的上演。特别是昔日企业里的得力干将，最终因为种种说得清楚、说不清楚的原因与"东家"分道扬镳，甚至转而成为企业的对手。

两千多年的封建社会历史，使整个社会残存着很多封建思想的遗毒，老板们不仅想做老板，潜意识中还想做帝王，而帝王是容不下号召力比自己强的人的，可是，老板不是帝王，因为没有任何力量可以保护帝王，但是有产权保护老板，帝王只要能够驾驭帝国内部的臣民就可永传万世，但企业却还要应对外部的竞争。时代的进步，已经使封建王国与现代企业有了本质的不同。同时，商业的进化，也在逐步改变人们的基因，使之发生变化，以适应现代商业社会的基本规则。

在很多私营企业中，市场化的商业规则实际上贯彻得并不彻底，这在日韩企业中其实都有同样的问题，职位权力影响力在组织中还占有绝对的主导地位，上司对于下属的去留具有独断的权力，视员工为奴仆的私企还不在少数，只是随着市场竞争外部环境的改变，企业内部总不都是智力水平一般，追求单一的员工，当企业需要中高端人才占据主导的时候，这样的企业就会面临帝王型的企业主和高端人才之间的矛盾。

在中国的企业中，经常会出现企业家的职位权力影响力和高端人才之间非职位权力影响力的对撞，这也许真是思维方式使然，也是中国大历史的惯性。

汉朝的天下姓刘，唐朝的天下姓李，明朝的天下姓"朱"。也有"大道之行，天下为公"的说法，一旦王朝衰落，或者最高统治者昏庸无能，"有德者"就可以取而代之。这就是中国几千年来的历史，翻过一个朝代就像翻书一样。谁都知道最高的王权就是主宰一切的制高点，所以镇压和反叛贯穿了整个中国历史。

在国内中小私营企业中，忠诚和反叛也在不断上演，虽然我们认为有人的地方就会有权谋，但是如果企业发展的价值观就是做企业的帝王，这样的企业就留不住人才，因为拥有影响力的员工也能够独立去创业或者带走企业的资源，一个帝王型的企业，实际上每个人都是帝王，只是时机未到而已。

封建皇权的保护来源于"天授"，但推翻者同样也可以说自己是"天授"，由前朝权臣而篡权登基的，为数不少。所以，皇帝很害怕臣下功劳大到足以号召天下，于是，诛杀功臣就成为历代皇帝的家常便饭。皇帝惴惴不安，"功臣"的心态也很复杂，要么野心勃勃，公然谋反；要么如练葵花宝典一样，欲要自保，废掉自己的才智和抱负，换得后半生的安宁。于是，很多曾经雄才大略的英雄，到后来"突然"平庸起来，令人扼腕叹息。

做人做事留一手，培植自己的死党，奉行一朝天子一朝臣，一只脚在企业中，一只脚已经踏在外边。企业的文化变成了权谋文化，在企业中就会形成帮派，这些帮派在必要的时候能够团结起来，抵抗企业主的"王权"。

企业内部的"帮派文化"在很大程度上决定了一批人的去留。这种文化是以某个掌握重大权力的员工为中心，周围形成关系密切的"小圈子"，圈子内的人在保护伞下，可以共享信息、得到重用，而圈子之外的人就会受到不公正待遇。

在权谋的圈子内，很容易出现党争，一个组织中如果没有正确价值观的引导，则很容易出现几个不易协同山头。一旦帮派的核心人物离职投奔其他企业，帮派中的其他人由于失去了"靠山"，而又很难再加入到其他的"帮派"。因此，为了继续得到帮派的庇护，他们也只好随着这位核心人物一起投奔到这家企业。宁波某著名衬衣加工生产企业，就曾经在进入上游面料生产与加工领域的时候，从广东某家衬衣加工企业聘请一名高管。其后陆陆续续又有上百余人跟随前往。

很多企业的员工大多都会有一种寄人篱下的感觉，总是想，我在企业打工的时候，实际上就是替企业主卖命，在工作的过程中，企业主就是主子，自己不仅要工作，也要交出自己的自由和人格。所以，在企业里面做下属只是一个积蓄力量的过程，时机成熟的时候，都是可以另立山头，取而代之的。这是典型的中国人的思维，和现代企业所秉持的价值观相差甚远。

其实就职位权力影响力而言，压制型的权力使用容易造成"家天下"。王道在企业创业初期是有作用的，草莽需要的是控制和执行力，但是企业如果不能建立一个共赢的体制，这也是很危险的。企业只有一个王，而不考虑分权的行为，那么企业的智商实际上就是企业主的智商，而不是依靠集体智慧去发展的企业。

如果可以的话，企业在一开始就要确立一个制度，这样的制度设置既能够保护员工的利益，也能够保护企业主的利益。其实，我们在谈及非职位权力影响力的时候，希望能够在企业内建立一种蓬勃向上的文化，建立一种以创造市场价值为核心的职业精神。企业有很好的价值观，这种价值观是企业内所有人的共识，在处理一些事情的时候，在制度的框架之下，形成一些约定俗成的法外之法。也就是大家都不会违法自己的准则。在这样的基础上，有很强影响力的管理者对于企业来说都是正价值的。

在一些企业中，非职位权力的影响力占据了主导地位，这些必须在自我管理的团队中才能出现，而现在能够实现这样的管理水平的团队其实并不多，所以我们看到的管理多数情况下还是权力型管理。如果将两者结合起来，也是中国企业今后的管理课题。

随着社会的发展，企业人更加注重自己的心灵和生活状态，所以非权力的影响力管理在未来的管理中会变得更加普遍。中国的产业升级是必然的趋势，会出现很多的知识型企业，这些企业的管理模式需要进行变革，而变革更加尊重个人特质，给予个人更大的发挥空间。

如果非说非职位权力影响力有什么弊处的话，很难将某种影响力的弊处单独剥离出来，利弊是一体的，没有一种管理模式和组织沟通模式是完美的，我们要学会接受不完美，只是非职位权力影响力在知识型的组织中更加适合罢了。

在企业内，影响力大的人实际上都是为企业作出过贡献的人。影响力大的管理者和功高者可能会阻止变革的发生，他们把一块业务从无到有、从差到优做起来之后，个人仍然希望业务一如既往地按照自己的想法去发展，而他们在企业内的利益格局已经确定，所以他们可能会凭借自己的影响力阻止企业向新的领域进军，从企业的市场进攻者变成企业内的保守派，这也是影响力的负面作用。

所以，职位权力影响力和非职位权力影响力都是中性的，如果企业变革的引领者很开放的话，那么就能够凭借自己的影响力去为企业做更多的事情；如果管理者是有影响力的，那么他可能会凭借自己的影响力团结一些员工反对变革。

在企业中，很多职位权力影响力和非职位权力影响力会让拥有者过度的自信，他们会对抗企业的战略性决策和开拓性探索，而此时以往业务做起来之后可能需要公司对它进行重新规划；也有些人会以这些成功作为价码，对企业提出更多的要求——而此时他忽略了自己的成功离不开公司提供的各种平台。

很多人的个人影响力是平台提供的，这就需要管理者们认清自己只是体系的一部分，企业内部是一个相互关联的整体，自己的影响力和工作是建立在同事大量的工作协同之上的，因此，在很多的大企业中，还是借助企业的价值观，而不是过度宣扬自己的明星员工，有明星员工的企业往往是管理系统不完善的企业。

第三节　职位权力与非职位权力影响力的关系

一、职位权力与非职位权力影响力的平衡

职位权力影响力在当下的中国组织中占据绝对主导,"官大一级压死人"是最普遍的口头禅。对领导者来说,强制性影响力是随领导者的职位而来的,很多时候我们看到一个现象,也就是新官上任的时候,会有一段谦虚期,也能够接受一些平等的交流,而过了这个时间段以后,他们就会觉得自己的影响力是自己身体的一部分了,也就习惯了周围下属的吹捧,以至于认为自己很强大。他也享受着权力带来的一切,如被下属簇拥着的感觉,直到退休或者中途出了状况的时候才明白,摘掉了乌纱帽,原来自己什么都不是。

这些说的都是权力的影响力,很多官员和企业的高管在离职之后,最大的感觉就是人走茶凉,这就是职位权力影响力的最佳证明。人在那个位置上,就是领导,如果不在那个位置上了,原来职务上给予他的东西也就随之消失。人走茶凉的最准确的原因实际上就是没有做到职位权力影响力和非职位权力影响力之间的平衡。

现在在中国的政府机构中,很多领导者也意识到了这个问题,他们愿意放下自己的架子,放下自己的排场,放下自己的所谓官威,去走一条平民化的路线。化敬畏为喜爱和支持是一种观念的转变。这其实就是追求职位权力和非职位权力的平衡之道。

非职位领导力在现在的管理组织中越来越重要,这是社会发展所带来的新的气象,现在很多有自我意识的 80 后、90 后年轻人已经走上了工作岗位,他们和前辈在处理人际关系的逻辑上是不一样的,因为现在

的年轻人有了自己的选择权。和父辈不同的是，在困难年代，管理者可以凭借自己的权力断掉下属的口粮，管理者可以决定你的生存质量，而且即使下属厌恶管理者，也没有办法，整个社会机制对于个人的管理，让人处于一种螺丝钉状态；而现在的环境则支持自己做选择，除非在政府系统中，现在的年轻人选择余地不大，在其他的环境中，开心不开心已经成为一个很重要的标准，而这个标准是老一代的管理者不明白的地方。

人们价值取向的变化已经影响了社会结构，在中国台湾，社会已经变得相对扁平化，金字塔式的管理原则逐渐崩坍，政治在某种程度上也已经娱乐化，领导者必须得到民众的支持，而这种支持已经超越了"两蒋"时期的威权模式，领导者需要更加强大的个人魅力和职业操守。民众在判断一个人的时候，往往不再注意他们宣扬的意识形态，而变成我喜不喜欢这个人。如此简单的新标准，说明了非职位影响力在现代社会管理中的作用。

如何平衡职位权力影响力和非职位权力影响力之间的关系，要做的事情其实有很多，这是社会发展的趋势，没有人可以抗拒。在信息透明的时代，一个人如果能够经得起阳光的检验，当然可以得到人们的喜欢，做政治如此，做企业也是如此。

一个人的所作所为都为他人所关注，这种衡量标准是客观存在的，一个不称职的官员可能经不起一篇网文和一个视频的洗礼。所以，领导者的自我管理成为当下职位权力影响力管理的核心环节，不能进行自我管理、顺应时代的领导者就不能发挥出自己应有的人格魅力，成为一个有影响力的人。

现代管理科学认为，在领导者的影响力中，非职务影响力比职务影响力更重要。而在非职务影响力中，品德和人格力量又居于第一位，与其他因素相比，更具有感染力。古人云："德不厚者，不可以使民"。香港著名企业家李嘉诚在总结其多年的管理经验时说，一个人要成为团队的老板，只需有权力、地位就可以实现；但要成为团队的领袖，就必须有人格的魅力和号召力。

如何去平衡自己的影响力呢？实际上我们需要知道，任何一个人都是立体的，领导者也不是"高大全"，跟自己的下属沟通需要真诚，自己有缺点和错误要经常的自我批评，不要老将自己放在近乎神的位置，那是一种自我麻醉，不代表自己影响力的真实存在。客观的认识自己和别人，这是成为一个有魅力、有影响力的领导者的基础。

一个人只能获得职位权力，包括支配动用组织资源的权力和对领导对象进行奖惩的权力，但他不一定能够征服人心，获得对领导客体的影响力。根据现代领导艺术的理论研究，在一个人获得了职位以后，相对于其职位赋予的法定权力和惯例权力，源自非职位力量因素的影响力是其是否具备领导力的决定因素。一个领导者通过职位获得权力，也能够在领导对象中产生一定的影响力，但这种影响力实际上是一种假象或暂时现象。

回到企业，目标要比政治更单纯，企业就是以结果论英雄的体系，不管这个人怎样，你需要一种将企业带出去的能力，这是最重要的考量点。一个人的成长经历可以为自己增加名望，名望往往是个人自己创造的，一个人必须珍惜自己目前的工作，你今天取得的每一项成就便是你未来的背景装潢，它会帮助你在周围的人群中产生影响力。

所以，一个人的非职位权力影响力不是短时间能够建起来的，没有权力影响力立竿见影的效果。而非职位权力影响力结构的建立则是一个人综合软实力的积累，每一句话说出去，实际上就体现了个人全部的学识和经历。

权力加上专长是获得影响力平衡的主要方式，政治组织可使用意识形态实现对群体的控制和领导，而经济组织则是以为企业作经济贡献为自己的考量方式。所谓专长力量，顾名思义，指的是一个人通过学习所获得的专门知识和能力。知识就是力量，而在一个组织里，知识专长也是对领导对象具有影响力的来源要素。谁掌握了专门的知识，谁就有了影响别人的专长权。这种权力源于特有信息和专业特长。

用旧时期的话语，这就叫知识权威，比如一名最优秀的癌症治疗专家，在社会上的知名度可能远远超过自己的医院院长，这就是一个非职位的影响力，在自己的服务对象中树立了口碑。在社会中的地位很好，受到人们的尊敬，这种尊敬处于下属或者同事的内心，这是一种可持续的非职位影响力，会一直伴随着这个人的一生，也就是说，非职位权力的影响力实际上能够让人受用一生，这也就是非职位权力影响力的魅力所在，也是现在很多领导者毕生追求的东西。

在企业或者其他的组织中，如果一位领导者具备了非职位权利因素的影响力，组织就会出现以下情况：并且愿意朝着你带领的方向坚定一致地前进，并且大多数都会有团队合作精神和向心力；绝大多数下属对完成工作具有强烈的意愿；领导不在现场，下属也能自觉热情地工作；下属能积极主动地承担工作责任；下属愿意接受新的挑战并能发挥出潜能。所以影响力的平衡是很重要的事情，企业不仅要建立一个严明的组织，也需要建立一个员工从内心喜欢的组织，虽然一个人不能俘获所有人的心，但是一定要朝这个方向努力。获得非职位影响力是长期的积累过程，所以这样的积累过程甚至就是一种生活，意味着领导者选择了一种受人尊敬的生活方式。

二、职位权力与非职位权力影响力的互动规律

人与人之间是不同的，组织和组织之间也是不同的，在如今的社会中，人们总是将人群的聚集比喻成丛林。实际上，企业和其他组织就是一片又一片的树林组成的大森林。总体上，这是一种生态体系。每一个企业组织的存在和消亡，都有自己的内在规律。一颗种子只有在适宜的环境中才能生根发芽，逐步长大。所以，企业和组织的管理形态受到外

部环境的局限，作为企业，就需要创造一个让员工不断生长的环境。

在企业中，都有一个控局者，或者是一个人或者一个团队。因为既然是企业组织，就会有自己的游戏规则。我们知道，市场经济的基础是清晰的产权制度，无产者无恒心是人性基本的规律，在企业中，企业的拥有者和经营者是泾渭分明的，老板跟打工者之间的关系需要调和，但是实际上这是领导与被领导的关系，拥有者决定了企业的发展方向，而经营者多数情况下都是企业战略的执行者。在经营结果上，经营者需要向拥有者负责，而按照人性的观点，拥有者追求发展的心境是永不改变的。这就是一种资本主义的扩张精神。

企业主和企业资产的拥有者拥有产权，这是法律赋予他们的权力，他们拥有天然的领导权，在人们的观念中，企业的事业实际上就是拥有者的事业，而不是其他人的事业。

从本质上说，现代商业社会中，法律已经保护了老板的产权，这种强大的外部力量本来可以使他们免于恐惧，而犯不着草木皆兵，以为职业经理们一点高调、一点权威、一点自信就足以损害自己的根基，实际上他们不管多么有实权、不管多么狂放、权倾企业，只要一面对资本，就会像孙悟空一样，永远逃不出如来佛的手掌心。在经济不发达的经济体系中，虽然人力资源有一定的选择权，但是在企业体系中，资本还起到了核心作用，员工的才智不能达到充分的发挥。

一个企业采取什么样的管理模式，实际上决定了企业的未来发展，一个国家之所以落后，也是落后在管理之上。

资本实际上思考的问题是如何用资本去获得更大的市场价值，而经营者和企业的员工更多的是在思考自己的生活，这二者之间就是一个平衡的问题。

用马斯洛的理论就可以看到企业内的职位权力影响力和非职位权力之间的规律，用这个理论可以很好的定位一个人和他的需求。**如今，机械性的管理学说逐步被人性化的管理学说替代是一个趋势。基于数理模**

型的管理分析不能解决企业创造性的问题。也许企业的非权力影响力管理理论可以很好地诠释这样一个问题。事实上，创造一个基于非权力管理系统和管理理论非常重要。

其实我们在讨论权力影响力和非权力影响力的时候，管理学前沿的巨匠们早已思考过，我们现在要做的就是如何运用规律，将企业做得更好。劳资矛盾在过去的几百年中一直处于不可忽略的地位，它大到引起了席卷全球的革命。这些革命背后实际上不是两个阶级的问题，而是人性和管理模式的问题。

马斯洛提出了管理就是管心的概念，从而在美国掀起了一场管理学的概念革命。他提出了**优心态管理**的概念。在优心态管理理论中，权力和资本力量站在了员工的支持方，成了大后勤部门，而将员工追求的东西变成企业发展的欲望。企业不再追求权力的控制式管理，而是充分发挥人本身的才智，实现自我发展，那些能够作出贡献的员工能够获得更大的影响力，能够在企业的发展和自我实现之间做一个很好的平衡。这就是优心态管理理论的企业实践，这样的管理模式现在在美国的一些大公司中已经是应用很广泛的一种管理思想。

马斯洛的动机理论及自我实现理论对管理学的影响是巨大的，但是，这些贡献都是马斯洛在不知情或无意识的情况下产生的。《优心态管理》则完全不同，它是马斯洛直接从管理学角度研究企业经营的著作，是一本关于人本管理、开明管理的著作。

1962年6月，马斯洛应安迪·凯（Andy Kay）之邀来到"非线性系统"参观访谈，使他对心理学运用于管理之中产生了极大的兴趣。以"非线性系统"为经验实例，以德鲁克的《管理的实践》和麦格雷戈的《企业中的人性》为理论前提，马斯洛写出了一系列关于管理的笔记，这些笔记于1965年整理出版，题为《优心态管理》。

把马斯洛的动机人格理论用于管理的首推安迪·凯，于1952年开办了"非线性系统"公司（Non‑Linear Systems，NLS）。这家公司生产的主要产品是商用数字电压表。为了寻求更好的管理"非线性系统"的方法，从 1960 年起，凯开始了一项激进而意义深远的管理试验，其理论根据就是马斯洛的《动机与人格》一书。凯是如此的欣赏马斯洛的动机理论，以至于相信马斯洛的理论可以令企业焕然一新。于是，凯按照马斯洛的学说，在公司进行了一系列的改革创新，如用生产小组代替原来的装配线，提高薪金，废除惩罚迟到和生病者的旧规定，为管理人员提供培训等。改革的成果是可喜的，雇员们的精神面貌不仅大为改观，公司的销售和生产能力也大幅度上升。

在以往的企业中，企业主和资本方追求自己的事业，将企业当成自我实现的工具，但是作为员工则不能够达到自我实现的目标，其实每个人都有追求自我实现的愿望。这个愿望在传统的金字塔管理模式中，已经失去了创造奇迹的管理力量，没有能够充分挖掘员工的潜能，这样的管理模式至少在世界产业链的高端逐步失去了自己的优势。

马斯洛在《优心态管理》中的观点非常具有预见性。他指出，随着企业员工的自主性、自尊和教育程度的提高，开明管理将越来越必要，并将取代专制的管理制度。这股潮流迟早会席卷整个世界，专制主义终将让位于人本主义精神。

从发挥企业主的影响力到发挥每个人的影响力，这是一场管理观念的革命。也许强大企业和弱小企业的分水岭就在于此。职位权力与非职位权力影响力的互动规律的本质就是每个人都能够做最好的自己，用产权制度、利益制度和情感纽带连接起来的团队，比专制团队更有竞争力。追求人人成就自己的团队才是生生不息的。

马斯洛认为，优心态管理是未来企业发展的方向，他对此抱有非常乐观的态度。"老的管理正在逐渐过时……人们达到的层次越高，其心理就越健康，为了在竞争中获得胜利，开明管理政策就越有必要，独裁主义者的企业就越容易破产……"优心态管理假定每个人都想成为积极的行动者，而不是被动的谋生者。总的来讲，就是团体中的个人和组织都以自我实现为目标。为了更好地实现优心态管理，马斯洛提出了一些管理的原则和策略。

追求自我实现的管理实际上将企业变成了大家的事业，怎么去转变？让员工持股和参与到决策中来是一个根本的方法。优心态管理实际上创造的是企业组织内新的管理结构，将权力管理变成员工的创造力管理。马斯洛的总结很值得阅读。

• **协同作用**。在人类学中，早已提出协同作用（synergy）的概念，原意是指在某种文化氛围内，合作不仅能够得到回报，并且能使全体成员受益。后来马斯洛将这一概念作为企业管理和人际关系的基本原则。他指出："实际上，人们的利益是可以一致的，而不是相互排斥，这种情况可以从任何一对美满的夫妻，成功的事业伙伴那里观察到。"工厂的组织和工人的利益能够通过开明的管理方法统一起来。

• **因人而异的管理模式**。管理是一门艺术，而非一门科学。然而许多专家所谈的一些基本理念太过一般化，每个人所处的需要层次是不同的，而且每个人对各种需要的程度不一样，包括不同的性别在管理方法上也存在着不同。由于个体的差异性，泛泛的理论在满足个体需求上存在局限，需要一种因人而异的管理模式。例如，管理者在为体质强壮者提供登山、冲浪、潜水等具有吸引力的体育活动机会时，同时也应该为体质较弱的人提供阅读书籍、欣赏古典音乐等项目。这种因人而异的管理可以同时满足不同人的需求，还可以降低因互相嫉妒造成的成本，提高整个集体的凝聚力。

• **良好的沟通**。良好的沟通是进行有效管理的关键。许多庞大的官僚式的组织机构，基层的积极性总是得不到发挥，他们总感到自己很无助，缺乏选择的自由，而管理人员则对基层发生的事情知之甚少。这种沟通上的不通畅，只会导致管理的失效。马斯洛以当时的法国、苏联政府为例，这两个国家都由于集权而导致了低效率，进而激发了公民的愤怒。

● **激发潜在的创造力**。成功的管理者应该首先注重开发自己的天赋，挖掘自己的创造性潜能，进而培养和激发员工的创造力。在开发创造力上，管理者需要了解每个员工所持有的才能，在对员工有充分了解后，管理者需要进行组织安排，调整员工的工作岗位，培养他们的创造性。尽可能排除一切不利于发挥创造力的阻碍因素，给员工足够发挥的空间。除此之外，还需要为员工发挥创造性提供有保障的环境，人们往往出于害怕失去基本的安全、生存需要而囿于已有的习惯模式，只有为他们提供了适当的保障，满足了他们基本的需求，才有利于员工放开手脚，大胆尝试。

回过头来，我们再来看权力影响力主导的管理方式。在很多的中国企业中，衡量一个职业经理人和管理者的标准，掺杂了太多的人为因素，"某某很听话，要提拔提拔，某某不好管，要整一整"。这些，都是没有看清企业的本质，也没有认识到职业经理人对企业的最终价值：他们是为企业来创造利润的，而不是充当老板的开心果。但是专制主义的企业确实就是这样的一个管理模式。

在人人自危，进行自我保护的企业中很难发展出和谐的人际关系，在此种管理模式之前，甚至有人提出一个人"在企业内没有任何朋友"的概念，这不符合人性的现实，工作本身就是生活的一部分，而不是独立剥离出的东西，协同不好的企业也能够做事，但是如果员工都是发自内心来做事，情况会完全不同。**好的管理模式总是带有一些理性主义的特征，这不足为奇，好的企业本身就是理想主义的组织。**

情感力量在非职位力量因素中是最为重要的。感情力量是指个人由于和被影响者之间感情较融洽而获得的影响力。人们由于情感因素而彼此影响，产生了所谓的认同和感情。领导对下属的了解、理解、尊重和关照，比物质奖励往往更具激励性。

因此，有人认为，在所有职位和非职位权利因素中，领导者和被领导者之间的情感关系的重要性占据第一位，而相比其他各种因素都是次要的。这在中国企业当中更要注意，因为中国是个人情社会的现状，短期内不会改变，所以在中国，情感的纽带还是需要连接的，这也算是中国非职位影响力的一个重要的规律。

第二章

权力、责任与利益相匹配、相适应

有权，有责，有利，缺一不可。权力的大小、责任的轻重、利益的多寡，需要管理者精心统筹、平衡和调控。

第一节　为每一个职位设计一定的权力

一、任何一个职位都对应着一定的权力，没有权力的职位是低效职位

在考虑系统性的管理结构中人员如何进行协同的时候，首先需要协调个人与个人，部门与部门的问题，所有的协同都是有规范的。

在庞大的组织中，行事的逻辑和小企业是不一样的，凡事都要遵循规范的流程，在组织中的管理人员既是项目的执行者，又是沟通者和协调者。其实，任何职位都会被赋予一定的权力，在企业中，每个人的工作权力和责任在入职的第一天就已经明确，管理者的责权被规定得更加详细。

任何一个职业经理都需要有职有权，这是保证领导有效性的必要条件。领导作为权力拥有者，需要凭借手中权力产生控制力，影响力是对工作群体的成员产生一种约束力量，这种力量是一个工作群体发挥作用的基本保证。因为，任何一个工作群体都需要有统一的目标、统一的意志、统一的纪律，而要做到这一点，就需要职业经理运用自己的合法权力。

职业经理的权力作为一种合法权力，一般是通过正式的授予而获得的，这可以是自上而下的授予，也可由其他形式的委托而产生。

在一个群体中，其实被授权是有一定规律的。在任何一个企业员工入职的时候，都会有一个简单的入职仪式。这样的仪式看起来是简单的，实际上代表了一个授权的过程，让人感受到一个人的存在。

人与人之间其实没有什么大的区别，主要区别在于一个人的影响力

和自身的特质，一个企业来了一个副总，可能董事长和总经理会同时宴请他，并在其他的正式场合和非正式场合表现对一个人的责任托付。在正式的场合，会将与其工作所有的关系人召集到一起，将这位副总负责的区域讲清楚，然后授意其他的部门和下属予以相互配合，在会议中，所有人都要表态对新副总的支持，这就是仪式。

仪式有一般的程序和规则，也是必不可少的程式，没有被授权就意味着有不合法的地方，同时规定了这个人的领地。也就是说，他负责的范围内不允许别人随意染指。如果需要配合的话，就需要走标准的程序。

合法权力经常由职业经理的职权来体现，在一个工作群体中，可以有经理、厂长、生产科长、车间主任等，他们要履行所在岗位的职责，就必须被赋予一定的权力。这种权力是他们推行决策、指挥部属行动的依据。

几千年来的社会生活，使人们对职业经理形成了这样一种概念：职业经理不同于普通人，他们有权、有才干、比普通人强。这些观念逐步成为某种形式的社会规范，产生了对职业经理的服从感。而服从感来自于很多仪式。从一个皇帝的加冕到一个新员工的入职，其实背后的权责移交的本质是相同的。

我们已经习惯了各种各样的授权就职仪式，美国也是如此。没有一个组织不是如此，从古到今，权力的移交过程其实一点都没有变。

美国总统就职仪式有 200 多年历史，在沿袭传统的同时，也随着一些客观和主观因素而改变。1789 年 4 月 30 日，美国首任总统华盛顿在当时的首都纽约宣誓就职。此后，总统就职日期一度被定为 3 月 4 日。1937 年富兰克林·罗斯福总统首次连任时，就职日期被最终确定为 1 月 20 日。

总统宣誓仪式一般安排在中午，首先由副总统宣誓就职，然后总统在最高法院首席法官见证下宣誓就职。随后，军乐队奏响《鼓号齐鸣》，向新上任的领导人致敬，并由美国陆军第 3 炮兵团鸣 21 响礼炮。最后，新任总统发表就职演说，宣布执政纲领。仪式结束后，新总统陪同离任总统和夫人从国会离开华盛顿。

从 1953 年起，新总统和副总统应邀出席国会举行的午宴。当天下午，新总统和副总统在家属的陪同下，沿着宾夕法尼亚大街一路游行前往白宫赴任。这项始于 1805 年杰斐逊连任就职时的传统为历任总统所沿用，只有里根总统在 1985 年因气温过低取消了游行。1977 年，卡特总统开始全程步行前往白宫。此后，出于安全考虑，几任总统仅在部分地段步行。为体现民众参与，总统就职委员会还在全国挑选表演团队加入游行队伍。

就职日前后，有关总统就职的官方舞会、音乐会等活动往往会持续 10 天，这给首都的安全和交通带来一定影响。为了减少就职日发生拥堵，华盛顿所有联邦政府工作人员以及马里兰州和弗吉尼亚州部分地区放假一天。

美国总统就职的时候，会邀请很多大国特别是友好大国的领导人参加，这种模式相当于企业关系人的相互磨合，经过了仪式的人会对美国新总统产生完全不同的认识，在心目中能够建立一种权威感。

同样，在企业中，授权也是一种仪式，有时候，企业内部的仪式完成之后，还会将新的高管介绍给公司的重要客户，让这样的高管能够尽快地胜任自己的工作。

企业内也有很多授权不到位的情况发生，有责无权的情况比比皆是，在政治圈中，可能会放很多的副职来做"替罪羊"，在很多的大企业中也是一样。

在企业中，如果没有好的价值观支撑的话，会很快就进入权谋的集体。其实权谋就是突破原来规定的权责体系，凭借个人的影响力实现对邻近部门管理者权力的侵略和蚕食。成为企业内部的权威人士，对权威人士的服从分为两种情况，一种是由于钦佩权威而产生的服从感，另一种是因为害怕权威而产生的服从感。

在企业中，职业经理追求权威和服从感，有积极和消极两种意义。职业经理如果没有权威，下属对他就没有服从感，即下级不服从、不听话，职业经理的工作就难以顺利开展。但是职业经理如果一味地追求权威，将会发展为要求下级对自己的个人迷信和个人崇拜，这就使事物走向了反面。

现代管理中，出现了一些新的情况，**"没有权力的职位是低效职位"也可能需要重新思考了，德鲁克说："总有人单独作战，无一部属，然而仍不失为管理者"**。知识员工在企业中能够发挥的效能已经不是给予权力的问题，而是让这样的杰出人才在企业的体制内能够获得自己的空间，袁隆平这样的人也许不是有权力的人，但却是杰出的人。

对于这些能够给企业带来巨大利益，但是本身也是杰出的人才的人，德鲁克设计的薪酬方案是在企业的薪酬体系之外，设计一个类似于演艺明星的薪酬体系。这样杰出员工的薪水比总经理还高，也不足为奇。在未来，这样的超级员工在很多杰出企业中都会出现，因为经济发展已经越来越依赖于人本身的发展。

二、职位权力其实就是有自主决定权

有人比较中国清朝和日本当年的改革，为什么中国清朝最终失败了，而日本的明治维新却成功了，这里面从管理学的角度去看的时候，会觉得很有意思。

中国清朝就是一个管理中心，封建王权最怕的事情就是分权让诸侯自主发展，结果只发展了一些近代的官办工业，而一切的洋务运动，实际上都在中央政府的控制之下，当变革触及官僚利益集团根本利益的时候，变革受到了强烈的抵制，最终所有的变革创想在内部的利益纷争中失败了，错过了一次强国富民的机会。中国清朝的改革只有一个机会，对或者错只有一个机会，而日本却有200个机会去实现改革的试验。这是为什么呢？

日本的明治维新和中国清朝的改革不同，日本将改革的权力下放给了200多个县，中央政府让封建王朝的老爷们自主去创办企业，成为财阀。结果这些封建大爷们发现市场是真正赚钱的好去处，很多人都辞官去创立企业。日本200个县都能够在中央的大政方针之下，展开自主探索，也就是说，每个县都可能出现对和错，结果做对的事情在其他的地方被推广开来，而错的事情就会自己消亡。这种宏大的社会实验在众多的试错中找到了正确的道路，每个阶层都在社会进步中获得了利益。日本成功地将封建王公变成了资本家，在改革的道路上也就没有了拦路虎，所以改革就成功了。而改革的成功，在管理学家的眼中，实际上就是分权自治的结果。

国家管理如此，企业管理更是如此，模拟分权制是德鲁克在20世纪50年代针对一些企业管理的难题提出的新的管理方案。经过几十年的发展，实际我们已经看到分权制在很多一流的企业中已经得到广泛的应用。

一个企业的成功不仅仅取决于严格的制度管理，而在于充分地发挥全体员工的参与意识与自主管理水平。只有积极地调动每一个员工的积极性和创造性，才能为企业的发展源源不断地注入活力。每一个人身上蕴藏的潜能需要被激发出来，充分授权，让每个员工都能够成为为企业捕捉机会的人。

自主决定权意味着自主管理，自主管理的核心就是每一个人的自我管理。自主管理是将决策权尽最大可能向组织下层移动，让最下层拥有充分的自主权，并做到责任权利的有机统一。自主管理为每一位员工都提供了一个参与管理的渠道，它强调自律，主要运用员工内在的约束性来提高责任感，使他们从内心发出"我要干""我要干好"的愿望并以此指导自己的行为。

100 年前，泰勒的科学管理不相信人的主动性，认为只有对员工施行控制才能使管理行为有效，它以管理者控制为主，是一种被动管理。现代管理理论认为，人是可以自制并能自动激发的。如能给员工提供自主管理的机制，他们会自发地将个人目标和组织目标融合起来，管理者的作用就是调动员工的主观能动性，激发员工的内在潜力，发挥员工的创造性。如今，在快速求新的知识经济时代，传统的被动管理已无法适应时代的发展，推行自主管理乃大势所趋。

职位权力其实就是有自主决定权，很多公司现在只是在自主管理方面做了一些尝试，将一些创意和研发部门作为自己的试验部门，这样的模式适不适合一些传统的加工业呢？因为人们普遍认为自主管理只适合综合素质较高的团队，其实实践已证明，很多传统制造业的项目型公司也能够做到自主管理。

巴西圣保罗市的南美系统工程和管理公司就是这样一家企业，里卡多·塞姆勒 1984 年接任公司董事长，将自主管理的理念引入到这个家族企业。20 年来，巴西遭遇了四次货币贬值，通货膨胀和工业生产全面衰退，而这家公司却从当初仅有 100 名员工的小企业发展成为 3000 多名员工、3 亿美元年收入的公司。

公司董事长里卡多·塞姆勒认为，管理的关键是要摆脱管理者，公司赢利的最好方法是放手让员工去干。南美系统工程和管理公司首先打破了传统的管理方式，将员工分成若干工作组，由各个工作组自己制定生产目标，员工自然分工。

公司规定，各组总收入的 1/4 为员工的工资，各组的决策和利润分配由一个员工民主选举产生的委员会负责。这样一来，每个组都希望自己能够以最低的成本赚取最大的利润，也更希望有真正能力的人加入。

对于员工来说，可以根据自己的能力和兴趣选择工作组以及担任的职务，做一段时间不满意，还可以申请调换到其他组工作，甚至还可以根据自己的工作量和工作时间自行确定工资。给予员工个人自由，员工也要对公司的经济效益负起责任。公司对每一个员工的工作实行问责制，制定了最低标准，如果连最低标准也达不到，将被停止工作或辞退。公司也对部门经理以上级别的干部实行公开评议和打分，不满75分的经理将被撤换，连塞姆勒本人都不能例外。

南美系统工程和管理公司所有决策会议也对所有员工开放，员工可以随意出席会议和发表意见。对公司决策提出建议并有重大效益者，还能得到重奖。塞姆勒说："我要让员工明白公司的一切，即使有一天公司要他们离开，他们也不会有怨言。""人们都说人是有惰性的，喜欢少干活多挣钱，但这在我们公司里从不曾发生过。如果工人的尊严和自由得到高度的尊重，还有什么理由不好好工作呢？"

自主管理是指一个组织的管理方式，主要通过员工的自我约束，自我发现问题，自我分析问题，自我解决问题，以变被动管理为主动管理，进而自我提高，自我创新，自我超越，推动组织不断发展与前进，实现组织共同愿景目标。

在推行自主管理的过程中，领导有必要充分授权，要尽量把责任落实到最终的执行者，减少下属的依赖性。

领导授权不意味着权力的丧失，而意味着权力的加强。因为很多事情本来就是执行层的事情，如果每个独立单元都变成解决问题的单位，领导者就有更多的时间和精力专注于企业的机会，作出更高质量的决策。

传统的管理模式下，领导更注重于控制下属的行为，而自主管理的领导角色强调通过引导人的思想来影响行动。领导不再依靠权威，而是靠影响力，不再是简单的控制者，而是新观念的传播者，是共同愿景的设计者。与此同时，领导者将会得到更大的回报。这一回报同时将使员工更具有能力，并感到充分的满足和成就。而这些回报所具有的意义，比传统的领导者得到的权利和称颂更为深远。

三、"拍板权限"要符合职位设计的目的

自主管理并非不要制度管理，更不是"自由管理"。在企业中，任何放任的行为其实是不负责任的，职权设计在充分授权以后，实际上对于被授权人而言，监管不是减弱了，而是加强了，其实也就是更加注重于阶段性的结果，而不是过程。

制度管理是基础，企业的规章制度是各项生产经营活动的基本保证，当企业在经历了严格的制度管理阶段后，各项管理将从无序状态走向有序状态。各项制度内涵被员工认可并自觉遵守，便可向自主管理阶段迈进，在自主管理中将以往制度下的监督命令变为员工的自觉认识和认真执行，通过有效的激励和引导，进一步调动员工的积极性和创造性，激发员工的潜能，变传统的"自上而下"的管理方式为"自下而上"的管理模式，因为只有"自下而上"的管理才能够真正发掘管理的内涵。设想一下，那些经过授权的员工开始做得比上司的期望更好的时候必然能够让领导者得到的成果超越期望，这就是发展。

能够成为自主管理的企业，实际上往往经过了很多年的严格的制度管理，在经过僵化控制的发展过程之后，而进行的一种管理变革。实现自主管理制度的企业，先要通过"制度管理"的必然王国，再向"自主管理"的自由王国迈进。这是一个循序渐进的过程，是一个由量变到质变的飞跃。

自主管理便建立了这样一个机制，一种自我更新的机制，通过下移

管理重心，充分放权，激发每一个员工的能动性和创造性，提供一个令员工为实现自我发展不断学习、主动创新的环境，使员工的创造力最终凝聚成企业的创新力和竞争力，促进企业生产经营目标的实现，保持可持续发展。

在新的管理模式中，职位设计和以往的方式没有什么不同，而是对组织提出了更高的要求。首先，企业决策层给予员工的不是企业的战略决策权和战略自主权，战略依然是企业领导层的事情，这是领导层工作成效的衡量标准。

现在市场变化非常快，这就要求每一个员工都能够根据市场的情况做出快速反应，这在金字塔的管理结构中就会成为企业竞争的劣势。在解决顾客问题的时候有时候并不需要决策层的直接参与，业务部门能够直接解决问题。

传统的企业组织结构通常呈金字塔式，自主管理要求企业的组织结构应是扁平的，即从最上面的决策层到最下面的操作层，中间相隔层次减少。只有这样的体制，才能保证上下级的有效沟通，下层才能直接体会上层的决策思想和智慧光辉，上层也能亲自了解到下层的动态，汲取第一层的营养。也只有这样，企业内部才能形成互相理解、互相学习、整体互动思考、协调合作的群体，才能产生巨大的持久的创造力。

国内很多的优秀企业早就开始将自主管理模式的职位授权问题提上了议事日程，海尔为推进企业的自主管理模式已经做了十几年的努力。在新的管理模式之下，更加注重人本管理，而不是资产管理。这在国内算是一种比较好的管理探索，意味着中国管理正在探索自己新的路径，以适应当下瞬息万变的市场现实。

海尔董事局主席张瑞敏认为，从事企业管理30多年生涯中，这30多年的管理经验可提炼为九个字，就是"企业即人，管理即借力"。

企业就是人，是说所有的资产要增值都要靠人，人是企业的关键。

如果把人抛到一边，资产负债表就没有多大用途。张瑞敏认为，就像青岛有一句老话："死店活人开。"同样一个店，两个不同的人开效果就不一样。"管理即借力"，就是看企业有没有开阔的思路整合更多的资源。特别是在互联网时代，企业如果是封闭的，就会一事无成。

张瑞敏将海尔的未来管理模式提炼为一句话："**要使企业的每一个人成为自己的主人。**"即自主管理。其在《中国企业家》杂志撰文，很深入地谈论了海尔近年来推进员工自主管理方面的实践，以及职位设计权限的问题。海尔的组织结构需要扁平化，需要将企业的经营权下放到每一个海尔员工的手中。

海尔采用人单合一双赢模式，"人"即员工；"单"不是狭义的订单，而是用户资源；"双赢"，就是把每一个员工和用户结合到一起，让员工在为用户创造价值的同时实现自身价值。

张瑞敏认为，100多年前古典管理理论的三位先驱之一马克斯·韦伯提出科层制，也叫作官僚制，直到现在所有的组织都是这样做的，是一个金字塔形的结构，普通员工在最下面，领导在最上面。现在我们把它颠覆了，颠覆成一个网状组织，没有一级级的领导，而是一个人人直接面对用户的新企业。

为什么企业要进行新的职位权力设计？其实海尔的实践已经证明了。虽然这么多年以来，海尔的发展从全球范围内来看，在实践中运行得并不顺利，但是这种管理探索是非常有益的，相信海尔如果进行了管理变革以后，能够成为世界最好的企业之一。**企业面向用户的扁平化，意味着企业的权力已经实现了转移。企业需要认识到，管理层的权力有时候是无效的，它已经转移到用户的手中。**但是这么做最大的难题就是必须把整个组织颠覆。例如诺基亚这样的国际大企业，管理从来就井井有条，但是最终还是被自己的用户抛弃掉，这就是当下市场的现实。

企业的职位设计符合企业的战略结构，这是企业和市场的和谐平衡之道，先进企业已经不满足于自己内部的井然有序，而是满足于和顾客一起创造价值。专业工作者可以继续原来的工作，只是在管理上更加考虑到他们的内心感受；而面向市场的管理者则是被迫进行新的管理模式创新。

扁平化组织的管理实际上就是一个放权和控制的问题，"拍板权限"还是一个维度的问题，也就是权力放得出去，还要控制得住。**诺贝尔奖获得者哈维茨提出好机制的观点：一个好的机制，第一有参与约束，就是每一个人都应该自动地、愿意以这个机制驱动自己；第二有激励相容，即每个人都想实现自己的利益最大化。**问题在于怎样把个人实现利益最大化的目的和企业实现利益最大化的目的有机结合在一起。中国改革开放以来，这种机制做得最成功的就是联产承包责任制。所以，用这两个标准来检视海尔，发现他们现在做的人单合一双赢也符合这个要求，因此方向是对的。

第二节　权责利的平衡是岗位设计的基本原则

一、"权"是爆"力"点，无"权"就乏"力"

现在提出的"权"，实际上是面向用户的，也就是说，这个权力和以往的权力是不一样的，以往的权力实际上就是升官发财的权力，而新的权力则是面向用户的价值创造的权力，让个人充分发挥自己的潜能，去自我实现的权力。

需要申明一点的是：现在企业的权力在用户的手中，谁能将用户整合到一起才会拥有权力。

德鲁克说，伟大的人管理自己。这句话当初不是很好理解，但是，现在的市场应验了他的说法。现在企业管理的一个最大的机会就是寄希望于员工本身，而不是其他的资源。在新的现实市场条件下，企业内部的关系很重要，但是最重要的是在企业外面的用户，企业内部不决定于企业的生死，但是用户能够决定企业的生死。成果都在企业的外面，不在系统的内部，不管一个企业内部管理得多好，实际上只是个基础工作，面对顾客才是真正的实质性的运营活动。

很多企业主喜欢死抱流程，因为流程是企业核心管理人员甚至只是老板自己定的，死抱流程，让企业内的所有人围着自己的指挥棒跳舞。企业的管理目标实际上就是为了企业主的个人目标整合起来，形成一个工作团队。

"权"是爆"力"点，无"权"就乏"力"，这里所说的权力，就是基础的人权保障。很多人在看到这个词的时候以为这是一个政治词汇，其实这是一个很现实的词汇，一个尊重人的企业比政治层面上的说教更加具有现实性，因为人们可能感受不到政治的压力，但是能够时刻感觉到企业给予的压力。企业如何对待员工，就是一个很现实的人权问题，企业若尊重人，做到人尽其才，就一定能够创造出效益。海底捞火锅对于企业员工的分权和尊重就说明了处于基层的劳动者，只要有一个好的机制将他们组织起来，照样能够创造一流的业绩。

海底捞火锅是非常典型的中国餐饮企业。在中国的餐饮行业，特别是火锅这样的行业，安身立命相对来说不是一个难事，但是能够发展得顺风顺水，成长为一个现代企业，适应能力极强的餐饮集团，就变得不容易了。一个火锅店是简单管理模式，几百个店的协同就是一个复杂系统了。掌控复杂系统的管理者，就需要独特的管理模式，这个管理模式就是将每个门店变成独自作战的战斗小组，能够面对复杂性的问题，做到一个前端的士兵开始有战场决策权。

因为餐饮业在内部面对的是人与人的协调，在门店内面对的则是一个个个性完全不同的人，这种管理模式意味着在门店里，每天会遇到成千上万的小问题，这些问题如果都要请示上级管理部门，则意味着决策过程的迟缓。在战场上，狙击手在发动攻击时并不需要更多的请示，因为战机必须精确捕捉。失去了战机，也就失去了管理效能的提升。顾客的问题最好是当场解决，这样的企业管理会变得简洁高效，一线员工也开始变成了顾客的管理者，充分发挥了自己的主观能动性。

在内部，海底捞的服务员很多都是经人介绍过来的老乡、朋友、亲戚甚至是家人……这种招聘方式在很多人看来简直是匪夷所思。因为餐饮业属于劳动密集型行业，来就餐的顾客是人，管理的员工是人，比如兄弟俩在一个门店工作，夫妻俩在一个门店工作，这样的事情在其他企业中很可能是不允许的，但是海底捞却支持这样做，因为他们认为，做一个有人性的企业可能比条条框框更能持久的调动人的积极性。

该集团董事长张勇认为：一定要贯彻以人为本的理念。只有当员工对企业产生认同感和归属感，才会真正快乐地工作，用心去做事，然后再透过他们去传递海底捞的价值理念。大家和亲戚朋友一起工作，自然很开心，这种快乐的情绪对身边的人都是很具感染力的。

海底捞为员工租住的房子全部是正式住宅小区的两三居室，且都配备空调；考虑到路程太远会影响员工休息，规定从小区步行到工作地点不能超过 20 分钟；还有专人负责保洁、为员工拆洗床单；公寓还配备了上网电脑；如果员工是夫妻，则考虑分配单独房间……光是员工的住宿费用，一个门店一年就要花掉 50 万元人民币。

为了激励员工的工作积极性，公司每个月会给大堂经理、店长以上干部、优秀员工的父母寄几百元钱，这些农村的老人大多没有养老保险，这笔钱就相当于给他们发了保险，他们因此也会一再叮嘱自己的孩子在海底捞好好干。此外，海底捞出资千万元在四川简阳建了一所寄宿学校，让员工的孩子免费上学。他们还设立了专项基金，每年会拨款 100 万元用于治疗员工和直系亲属的重大疾病。虽然这样的福利和员工激励制度让海底捞的利润率缩水很多，但张勇觉得这些钱花得值当。

张勇认为，其实人本身的潜能都是很大的，需要管理模式上激发这种个人心中的正能量。即使学历不高的员工，在自己的岗位上照样做出很好的业绩。至少，我们能够给他一种积极向上的工作热情，这种热情被调动起来后，我想他们会受用一生的。

海底捞的服务员拥有打折权，甚至在经过一系列的考核之后，会拥有免单权，在其他的企业中，是不敢将这些重要的权力授予给一线员工的。**其实在海底捞看来，移交权力意味着移交责任，在移交责任的时候可以发挥员工个人的工作潜能和创造力，准确及时解决问题，实现企业的管理目标。**

张勇说："我们对每个店长的考核，只有两项指标：一是顾客的满意度；二是员工的工作积极性。而对于服务员，不可能承诺让所有的顾客都满意，只要做到让大多数顾客满意，那就足够了。我们会邀请一些神秘嘉宾去店里用餐，以此对服务员进行考核。"

对于企业管理，必须出于真诚，而不是形式主义。发掘一个人的潜能，绝不能流于形式，那样做还不如不做。我看到有的餐厅训练服务员，微笑要露出八颗牙齿，嘴里夹着根筷子训练，我说那哪是笑啊，简直比哭还难受，那些僵硬的笑容，并不是发自内心的。海底捞从来不做这类规定，"激情＋满足感＝快乐"，这两条就足够了，员工自然就会快乐，并把这种情绪带到工作之中。

员工的智慧往往蕴藏于快乐的压力之中，而不是压力之下的单纯进取行为。因为前者更加具有持久性。海底捞需要做一个充满管理智慧的企业，一个传统的餐饮企业能够实现的管理模式，很多人员素质更高的行业应该可以做得更好。

我们在分析这个案例的时候，很多读者肯定会不以为然，因为中国绝大部分的企业管理还处在承认**绝对权力中心**的假设中。在很多的企业中，协调最终的结果还是理解为一种控制，这在网络时代的竞争中很可能会丧失掉快速反应的能力。

自主管理是管理的最高境界。今天，一个企业的成功并不仅仅取决于严格的制度管理，而在于充分地发挥全体员工的参与意识与自主管理水平，不能自主管理的员工不是好员工，缺乏自主管理的企业也绝不是好企业。只有积极地调动每一个员工的积极性和创造性，形成喷涌的源头，才能为企业的发展源源不断地注入活力。

如果一线员工没有即时处理问题的权力，整个企业在市场上就会表现得空乏无力。**中国管理学者陈春华提出了一个很好的企业权力的分布战略，她认为，企业最优秀的员工应该放在离顾客最近的地方。企业在新的形势下需要重新分配资源，将最好的资源分配给用户的界面上，权力也需要向前端转移，这个"权"就是企业进一步发展的"爆力点"。**

二、责任产生压力，没有压力的权力必然走向低效率和腐败

自主管理的本质，就是假设企业人的创造动力是内生的，自主管理体系中，常常会冒出这样一句话，那就是烂泥扶不上墙。那些内心没有动力的人显然不能进行自我克制和自我管理，他们将企业的放权行为看作是有空子可以钻，自己则不能给企业带来价值，所以自我管理是一种高级的管理形态，但不是所有人都能够完成自律的行为、能够管好自己的。**从某种程度上来说，自我管理比科层制式模式更加具有挑战性。**

责任产生压力，这是管理学的常识，因为企业是有目标的，所以每一个企业人也都是有目标的。也就是说，不管采用什么样的管理模式，实际上企业对于个人的期望一直都没有改变，企业施行自我管理的模式，实际上是对员工提出了更高的期望，也希望员工成为企业的主人翁，从被动承担责任的状态转变到主动承担责任的状态。

企业其实是一个比较现实残酷的环境，即使能够饶过自己员工懈怠的行为，但是市场一定不会原谅企业的懈怠行为。很多管理大家都认为，企业在用人问题上实际上就是在赌博，我们永远无法去衡量一个人被赋予权力之后，会变成什么样子。

在政治圈中，有很多的青年才俊，他们被赋予了权力，但是他们的自我管理能力欠缺，他们不是一个有价值观和底线的人，所以很容易在权力之中迷失自己，最后成为阶下之囚。责任来自自己的内心。垄断性的政治体和经济体的竞争性是不一样的，垄断是懈怠的源泉，这是绝大多数国家都制定《反垄断法》的原因。

企业内最忌讳的事情就是出现垄断性的"政治"，也就是使用**绝对权力中心**的组织控制假说，在施行自我管理的组织中，一个或者几个跟企业价值观不符合的人就足以对企业的运营产生不利的影响。这是很多大企业强调企业的价值观必须得到贯彻的原因，企业可以容忍一个没有

多少能力的人，然后赋予他力所能及的简单工作，但是不会接受一个和企业价值观不符合的人，比如欺骗顾客的行为，抛弃企业的事业追求，将企业的存在仅仅变成赚钱工具。企业的管理权力授予这样的人手中，最终会导致企业发展方向的迷失。

企业内必须保持权力的竞争性，一个人如果不能为企业创造有价值的贡献，管理权力就不能授予这样的人。如果无能者被授予了权力，则可能带来低效率和腐败。一旦企业变成了权谋游戏，被市场淘汰的日子已经不远了。

当今企业必须发挥所有员工的警戒能力，每个人都需要对用户和市场保持足够的敏感性，这是企业员工的责任，并且为了创造用户和满足用户做出自己的努力。管理权力应该被用在这个领域而不是其他的领域。

现在的经济环境已经完全不一样了。现在的企业不知道自己未来的竞争对手来自何方，任何一个方向的新竞争都可能给企业带来致命的威胁，企业的竞争已经变得无边界。传统企业有边界，典型的就是规模经济和范围经济。规模经济就是企业做得很大，有门槛，别人想进都进不来，如沃尔玛。但是在互联网时代，无数的网店加起来，淘宝就可以超过沃尔玛。这就是互联网时代企业没有边界的意思，无论企业想做什么，只要整合资源就可以做到。你看不到的对手有可能会对自己引以为豪的业务产生致命的打击，比如微信对短信服务的打击。任何故步自封的限制员工探索的行为都会导致企业的低效率运行。

自主管理的实质就是创造性地为企业作贡献，而不是按部就班地完成自己的任务，这来自责任和内在的驱动力。现在的企业管理需要珍视员工的内在责任感，这样的人可以被赋予权力，带动企业的发展。

员工的责任就是为企业作贡献。那些能够实行自我管理模式的企业，都是比较优秀的企业，因为授权和责任是平衡的，企业给予员工多少权力，员工就需要负起相应的责任，甚至需要负起对企业未来发展的责任。责任有时候和权力并不对等，而是责任大于权力，责任不仅仅对自己狭小的领域的成果负责任，也要对企业整体的经营目标负责任。

原来的企业，新进员工一定要看自己的领导是谁；现在没有领导了，员工的领导就是用户。德鲁克说，企业要问自己三个问题：我的客户是谁？我为客户创造的价值是什么？我为客户创造价值之后我得到的成果是什么？很多企业回答不上来，现在的企业需要每个员工来回答，这个难度可想而知。但是新的管理模式就是要求员工跳脱本位主义，站在客户的立场去解决问题。

新的权力不是在企业内部呼风唤雨的权力，这个权力和企业成果之间的意义已经让位于客户的价值，那些能够创造最大客户价值的企业，无不把自己的用户放在最重要的位置。他们开始认为，企业内没有老板，只有服务者，用户才是真正的老板，这样的权力观才是正确的，权力不是自用的工具，而是他用的工具。权力是服务于对象的工具，而不是自己的资源，在经济领域如此，对于一个政治组织或者政党来说，也是如此，一旦权力成了自用的工具，后果很严重。

三、与权力和责任相匹配的利益是内在的驱动力

人是自私的，这是西方经济学的基础假设。如果没有自私的原因，也就不会有完整的市场经济。利益是这个世界本质的东西，没有人高尚到将自己的利益摆在一边不管不问，我们不要将任何一个人看做圣人，因为这个世界上没有圣人。任何人都需要激励，利益激励是最基础的激励方式。

回到马斯洛的理论，人们在生活中的追求是有规律的。人的发展分为好几个层面，马斯洛需求层次理论把人类需求分成生理、安全、社

交、尊重和自我实现五类，依次由较低层次到较高层次。

对于企业的管理者来说，他们的需求层次超越了基础的生理需求和安全需求，多数是处于社交需求和尊重需求。尊重需求既包括对成就或自我价值的个人感觉，也包括他人对自己的认可与尊重。有尊重需求的人希望别人按照他们的实际形象来接受他们，并认为他们有能力，他们关心的是成就、名声、地位和晋升机会。

这是由别人认识到他们的才能而得到的。当他们得到这些时，不仅赢得了人们的尊重，同时就其内心因对自己价值的满足而充满自信。

对于现在的知识型企业而言，员工持续的激励问题其实是管理的难题，企业领导者需要知道客户的需求，更需要知道员工的需求。不能满足员工的企业留不住人才，也无法给予客户真正专业的服务。

在很多企业中，管理者和专业人士占据了主要的工作岗位，对于这样的员工来讲，单单金钱的激励已经对他们失去了效用，只能起到短期的刺激作用，对于一个杰出的专业人士来讲，获得匹配的利益是理所当然的事情。所以，企业留住专业人士的努力不仅仅在于金钱，更在于对于员工的尊重。

IBM 前老总小托马斯·沃森在其著作《商业及其信念》一书中讲道："IBM 经营哲学的大部分都集中在简单的信条当中，我要从我认为最重要的那一条说起，那就是，我们对每个人都要尊重。尽管这只是一个很简单的理念，但 IBM 为了实现这个理念，确实耗费了大部分的管理时间。我们在此投入了比做其他任何事情都要多的精力。"

沃森说："我们几乎每一种鼓励措施都是用来激发人们的热情的，我们早先强调人际关系并非受利他主义的影响，而是出于一条简单的信条——如果我们尊重员工，而且帮助他们自尊，这将会使公司的利润实现最大化。"

美国 IBM 是全球薪水最高的企业之一，也是全球信息技术的领导者之一，企业凭借杰出的人才基础，在多次的技术变革中生存发展，这与企业尊重人才的传统是分不开的。在企业中，需要尊重员工的利益，也需要尊重员工本身，给予管理者自治权的同时，需要和员工一起享受企业的运营成果。

国内很多企业对于员工的激励没有考虑得很长远，也没有考虑员工真正的需求，其本身的生存质量就很低，一直都处在生存线上，领导者的权力和责任不分明，领导者权力太大，在企业中几乎没有人能够制衡他，但是领导者必须对整个企业运营的绩效负责，对企业里的所有员工的工作绩效负责，但很多领导者往往没有思考过这个问题，而是将自己看做是企业的控局者，视企业为自己的私产。

一个人在企业所作的贡献需要和自己得到的利益相平衡。马斯洛理论告诉我们，生理需求只是人们的最基本需求。所以，在对待员工上，物质奖励只是最基本的奖励。随着社会的发展，人们的要求会不断提高，会更多地向求得社会认同和尊重的方向努力。反映在企业管理理论上，就是从泰勒的科学管理之后，一个再也没有改变的主题，就是对人的尊重。在现在的企业组织中，已经没有比尊重个人更为普遍和明确的价值观了。它要求我们在企业管理中，应该进行一种人性的回归，实行以尊重员工为核心的人本管理。

思考员工努力工作的内驱力到底在哪里？首先，基础的生存需求需要满足。管理已经从泰勒时代的管主一双手转化为驱动一个人的内心。多考虑个人的需求，给一个人充分发挥自己的环境，也许是最好的管理之道。人有时候为了自己的内心，暂时地放弃部分利益，追随理想的生活，也是不鲜见的事情。我们不能将企业看成是纯粹的利益场，企业是人的团队，是一起实现事业理想的地方，领导者认识到这一点，并且采取行动的话，就能够建设好一个有竞争力的团队。

第三节　权责利平衡的价值和原则

一、最大限度地激发主动性，调动积极性

在企业中，给予员工最好的条件，实际上就是寻求企业利益和员工利益的平衡。企业给予员工高薪，则是希望员工能够努力工作，这是一种利益的平衡。

现代企业领导者指挥的是千军万马，驾驭的是庞大系统。缺少全体员工的积极支持和参与，再聪明能干的领导者，也无法独自驾驭企业取得成功。只有像交响乐团演奏美妙和谐的交响乐那样，出色地组织、协调、指挥众人团结合作、引吭高歌，才能取得真正的成功。同时，全心全意依靠员工办企业，这是管理学的真谛。

其实在企业中，特别是在中小企业中，实际上都是老板驱动型的，企业老板是一个能人，几乎什么都能干，这种能人型的老板是能够自我管理的人，但是作为一个好的管理者，需要对所有人的工作成果负责。什么都能够干的人做的是专业人士的活，而只有当一个人对其他人的工作成果负责的时候，这个人才是真正的管理者。

管理者的存在就是为组织制定目标，然后选择合适的人来做这个事情，而不是自己去做这个事情，在分配事情的过程中，只要做到对人的责权利的平衡，剩下的工作就是如何去激励人了。

作为企业领导者，一定要善于授权，实行超脱管理。现代企业不是"小作坊"，不仅管理层级分明，而且领导体制是"金字塔式"的，"一竿子插到底"的领导方法，已经难以适应专业分工越来越精细和高效运作的现代管理要求。领导者作为企业最高决策层，如果做不到大胆放

权、合理授权、明确责任、有效调控，就不可能高效驾驭企业协调运转。同时，领导者只有从烦琐的具体事务中解脱出来，实施超脱型领导，才能真正最大限度地把员工的智慧和创造性激发出来，才能更好地集中精力谋全局、议大事、想长远。领导者对部属充分授权，但授权必须有度，正职要放手副职，但要做到放手不撒手。这也是一种平衡之道。

员工的积极性是从哪里来的？只有知道员工的主动性来自何方，才能够将他们的主动性通过系统的方法激发出来。我们在谈及激发员工主动性的时候，实际上已经在界定了一个工作的范围，现在在企业内，不用脑筋的简单劳动工作越来越少，机械性的劳动只需要简单的管理。这样的管理不需要大的管理机构和专业人士，对于蓝领的管理实际上就是限定的时间内完成工作的数量和质量，这些都是可以衡量的。

对于体力劳动者的考核和管理，实际上不是什么大问题，这样的制造业企业有着标准的机械的流程。富士康有着几十万名员工，分配到每个员工的工作也许就是一个或者两个动作。这样的管理，即使看起来人员庞大，其实管理模式还是比较简单的。如何调动员工的积极性在这样的企业里不是问题，简单地按件计酬就可以了。

但是在富士康的另外一些部门，管理就不一样了，比如业务的谈判部门，他们和自己客户谈判的时候，或者去争取客户的时候，就涉及复杂的业务了。对于业务部门的考核，是无法按件计酬的。考核工作的质量和数量也不能简单地去管理，需要有经验的专业人士找全球最大品牌企业去谈判，去争取业务。他们的工作效能直接影响着企业的绩效。所以要激励他们就需要完全不一样的生产管理系统，薪酬体系也需要做单独的设定。

富士康的技术研发部门也需要新的管理模式，最大限度地去调动专业人士的工作积极性，因为无法要求他们定时定量的完成研发工作，这就需要一种全新的管理模式，让员工愿意为企业的运营成果贡献自己最大的力量。一个积极的研发人员可能在吃饭的时候也在思考工作的问题。这些工作方式的变革就需要一种责权利平衡的新的管理方式，促进员工的自我管理。

最大限度地保持团队的激情和活力等课题摆在管理者面前，充满激情的领导者在知识型的管理团队中开始变得重要，这决定了知识生产的质量。传统的领导角色往往颇具"一夫当关，指挥全局"的气魄，领导的作用主要是指挥、控制、协调，这已不适应时代的发展。因为按照这样的管理方式，就是做得再好，也让员工没有任何激情，完成工作的质量也会不怎么样。比如，中国对于知识员工的管理绩效十分落后，中国刊物上发表的科技论文，只有 0.5% 达到了国际一流水准，这就说明了知识生产不能靠量，最主要的还是靠质量。

当今前沿的管理理论——学习型组织理论指出，领导的创新角色应是设计师、服务员和教练员。自主管理下的领导角色亦然。领导者应效力于建立组织共同愿景目标，重视每一个员工的作用，通过自主管理引导员工为实现这一目标自觉的投入，并在这一过程中释放出潜在的能量，促进企业的不断发展。用激情管理释放一个人的潜能，用人才辈出的团队引导其中的个体，让员工享受自己的工作，在这样的管理模式中，就能够最大限度地保持积极主动性。

二、自主管理与制度管理的关系

现在大部分企业已经都是知识型企业了，企业经营环境和几十年前相比，有了天翻地覆的变化，有人提出了这样一个观点："任何企业现在都是高技术企业。"其实这样的观点是不难理解的，现在任何企业都面临网络化的新环境，企业的产供销都依赖复杂的信息系统。即使一些小微企业也需要复杂的技术系统来和客户做关联，因为客户信息化了，周边的所有供应商都需要信息化。

阿里巴巴集团董事局主席马云的"小而美"观念，在企业家群体内引起了广泛讨论。"小"的公司往往代表着更快的决断力，更加迫切的生存需求；"美"的公司则代表着卓越的产品和差异化的战略布局。

大企业有自己的优势，他们能够给市场提供系统性的复杂技术产品，也能够搭建新的技术平台，所以，大企业的管理实际上需要规模和领先的技术能力。大企业其实是一个个事业部组成的综合体，是一个大的系统集成商，大企业实际上建立在小企业的基础之上，对于跨技术部门进行横向整合的企业，现在也发生着比较大的组织变革行为。而且变革的力度很大，在过去数年的时间之内，很多大企业都已经从金字塔式的管理结构变成扁平的矩阵式管理结构。

信息化已经成了大企业管理结构变革的主要原因，以前用于信息传达的层级被革除，大企业也能够借助信息系统实现快速的反应，在网络上建立了自己的业务镜像，所有的工作均能够在网络上看到，项目能够借助网络工具进行快速低成本的协同。这在以前是办不到的。

企业管理结构的变革实际上也引起了企业管理制度的变革，在金字塔管理结构中，向上的越级行为和向下的越级行为实际上是不被允许的。但是借助信息化系统，项目主管就能够在类似于项目 QQ 群功能的企业信息平台上进行协同，有问题的话能够即时反映出来，管理者能够根据总体的项目进展进行资源整合。

而项目另一端的员工，如果做的工作是数据型的，比如出版企业的话，则编辑在哪里完成工作已经变得无所谓，因为产品在没有进入生产线之前，就是纯数据的传输，所以编辑可以在家里完成工作，也可以在另外任何一个地方完成工作。

很多人其实是没有自我管理能力的，一旦告别了朝九晚五的生活方式，他们就不能很好的自律，导致工作效率降低，人也变得懒散，其实这样的员工就不能进行自我管理，也不能独自完成知识创造工作，也许，在未来的工作招聘过程中，人力资源部门要求员工必须要有好的自我管理能力，既能够和团队很好地协同，也能够独自完成自己的知识创造工作。

自我管理虽然是一种好的管理方式，但不是放任自流的工作方式。企业的管理建立在个人绩效考核的基础之上，我给了你最大的自由，你就需要做最好的自己，将自己的工作能力发挥出来，而且需要干得有成效。管理制度不会要求员工必须准时坐班，但是工作任务必须能够完成，而且，自我管理模式对于员工的要求不仅仅是完成了本职工作，企业还需要制定更高的标准，使得员工对于企业有更大的贡献。这就需要问一问那些自我管理的员工："除了完成自己的工作，我还能够用我的知识为企业做些什么？"当员工带着自己的问题去思考的时候，实际上这样就达到了自我管理的目的。员工开始超越企业对他的期望，他能够通过自己的知识为企业做更多的事情，同时在思考的时候，员工也在自我学习。这是一个良性循环的状态。

很多企业推进员工自我管理的模式，实际上也是环境所逼，员工能够自我管理，则大大降低了管理成本，这是一个现实因素。对于知识工作者而言，管制住人本身是没有用的，只有员工从内心开始想工作和将工作做好的时候，我们才能够看到他们的自我努力。

在当下，如果一个企业还没有完成信息化变革，则企业的生存就会很困难，那么企业在制度管理和自我管理之间的转变，该怎么去行动呢？

首先，在产品战略上，相较于做强做大，企业更应关注利润。很多大企业会盲目地多元化经营，涉足许多不熟悉的营销通路及市场。难以回收的货款和庞大的营销费用占用有限资金，使企业疲于应付。企业在做产品战略时，可以通过试点或试销的方式，减少失败成本。同时，找到产品在市场的差异定位，找到有利润的经营方向，才能永续经营。

因为我们知道，不管什么样的企业，实际上都离不开管理，自我管理是管理模式的转变，不能代替战略，所以企业还需要建立一个非常重要的战略规划，战略规划制定好了，管理模式才具有有效性。

在人才架构上，要使组织机构尽量扁平化。很多大企业会在人事架构上设置多个层级，层层控制企业运营。这样的科层制组织模式，是建立在以专业分工、经济规模化的假设为基础之上的，各功能部门之间界限分明。这种组织必然难以适应环境的快速变化。而扁平化组织，需要员工打破原有的部门界限，绕过原来的中间管理层次，直接面对顾客和向公司总体目标负责，从而以群体和协作的优势赢得市场主导地位的组织，缩短企业的指挥链条，使企业保持对于市场的快速反应。

对于知识型企业而言，必须注意产品，因为产品是企业生存和发展的基础，很多企业对于研发的重视不足，是很多大企业的通病。这是因为大企业往往具有规模优势，并不会根据市场需求去改进或者投入研发新产品。而当公司产品跟不上顾客习惯的改变时，企业被淘汰也就是必然之势。只有积极培育专业人才与更新知识，并创新投入研发新产品，企业才能站在时代的潮头，引领新兴的消费态度和产业升级，为形成品牌口碑奠定基础。

企业的新品研发获得成功的条件就是解放员工的创造力，让员工超越自己的视角来思考企业如何去满足现在的顾客和未来的顾客。这就是新时代的用人标准。我们必须提高知识工作者的绩效，让知识型员工在一起去完成创造，这是创新型企业需要做的事情。

在企业管理结构变成自我管理为主导模式之下，员工的创造性得到发挥，自我价值得到不断实现。这将带给人莫大的愉悦和满足，激励着人们进一步发挥自己更大的创造力。自主管理顺应了现代人受尊重，自我实现的高层次的心理需求，它充分地尊重员工，引导、帮助员工将企业总体目标转化为实现自我价值的追求。对知识工作者最好的激励，就是让员工自己觉得工作充满成就感。

对于蓝领工人而言，他只有两只手，他们的工作效率在特定的条件下，几乎没有创造奇迹的可能，但是知识工作者可以创造奇迹，比如几个年轻人的突发奇想，就做出了腾讯公司的新产品——微信，对于移动互联网的应用产生了革命性的影响。所以，企业必须尊重知识工作者的创造性，单个的知识工作者就能够创造奇迹。

自我管理为每个人施展聪明才智提供了舞台，使员工的潜能得到发挥。创造性被激发，从而获得成功和发展，真正体验到工作所带来的乐趣和生命的意义。目前，随着企业知识员工的不断增加，他们更加自尊更加上进，更具有事业心，因此渴望被尊重和自我实现的需求更为明显和强烈，企业推行自主管理也就更具有现实意义。

三、大权大责大利，小权小责小利

在企业管理中，人力资源部门承担着非常重要的角色，而且随着知识型企业的增多，这样一类的工作将变得更加具有挑战性。

大权大责大利，小权小责小利，这是非常典型的"中国式管理"的思维，其实授权给别人是一种赌博。也许检验一个人品质的最好方式就是授予他权力。权力腐蚀性如此之强，又如此容易让人上瘾，只有最坚定的人才能抵抗权力，不出现病态行为。连那些手握权力的人也能感觉到权力的腐蚀效果和致瘾效果。如果没有价值观和使命感的支撑，权力很快就会变成一个人的私人工具，成为一个人自我奋斗成功的一个象征物。如果这样去理解权力的话，实际上这就是个人的错误。

大权大责大利，小权小责小利作为一句俗语，在当下的政治组织的语境中，可以找到另外一种理解。我们在谈及"大权"的时候，往往会联想起"大权在握"这样的词语，事实上，掌握多少权力，就需要扛比权力更大的责任，当然也有附带的利益，在官僚主义的体系中，很多权力者绕过了责任，在一般对于权力的理解中，大权则无责，大权拥有者则是个人发财之道，秉持这种权力观的人是无法领导一件事情的。在政治圈如此，在企业中也是如此。

一个人被赋予权力，最主要的一点就是他是有使命感的人，其后才是一个有能力的人，能力非常重要，但是价值观错误的能力是一个祸害。对于有独裁风格的人，一旦被赋予了权力，而他培植了自己的势力之后，在组织中也就不再被制衡。我们中国人理解的"权力"二字其实是不完整的，**其实任何权力面前都应该有一个"公"字，没有"公权力"，所有的权力都会变成"私权"**。公权力是一种对团队负责的精神，正是因为他能够承担这样的责任，才被赋予这样的权力。

为什么唐僧能够成为《西游记》中四人团队的领导者，因为唐三藏是一个典型的使命感极强的领导者，他能够一直记住自己是受唐王委托去西天取经的，所以在建立自己的小团队之后，都是用使命感和价值观在领导其他几个徒弟，在西天取经的过程中，三个徒弟都发生过动摇，但是唐僧没有动摇过，在面对女儿国国王的诱惑和群妖的追杀之下，都没有放弃自己的使命，这样的领导者才是好的领导者。细心的管理者会发现，很多大企业的创始人均类似于唐僧，而不是孙悟空，倒是小企业的领导者类似于孙悟空。

孙悟空是一个十分注意自己功名的人，齐天大圣其实只是一个空衔而已，虽然能力很强，但是对整个团队的使命感理解不足，更多的时候是一个自我实现的典型。从一个追求自我成功者到管理者的转变，这是一个阶梯。

没有唐僧黏合剂的作用，没有观音赋予他制衡孙悟空的权力，可能《西游记》就没有法子演绎下去，三个徒弟找个山清水秀的地方，占山为王，跟妖精为伍也不是没有可能。

一个企业实现从优秀到卓越的跨越，尽管有诸多原因，但其中必然有最关键、最核心的因素起着根本性、决定性作用。美国学者吉姆·柯林斯经过系统研究，得出一个规律性结论：企业从优秀到卓越的首要条件，是有一位被创造业绩的渴望所驱动、具有卓越领导才能的"第5级领导人"。无数中外企业成长的实践也反复证明，企业从平凡到成功、从优秀到卓越的质变过程，起关键与核心作用的，不是企业的体制优势、市场优势，也不是产品优势和技术优势，而是领导者卓越的领导才能。

在每一家卓越企业耀眼光环背后，必定有一个乃至一群优秀领导者的身影，领导者的使命感和方向感很重要，权力应该授予那些认同企业价值观，具有强烈使命感和有激情的人。因为使命感就是责任的转化形式。

在自我管理为主导管理模式的企业中，权力被授予谁，是有讲究的，可能孙悟空型的员工对于唐僧型的领导者不服，他认为自己做的事情比领导者还多，其实在企业管理过程中，团队整合和各司所长、专业人士和管理者之间的区别还是非常大的，孙悟空成不了真正的领导者，是因为他注重自己的私权，缺乏对于团队的方向感。

领导者最大的责任就是引领团队的方向。正确的方向感是事业成功的前提，如果一个企业失去了事业理论的指导，成为一种纯利益的组合，这样的企业即使能够获得短期的成功，最后也逃脱不了衰败的命运。

自我管理意味着企业从开始注重权力转向注重员工的使命感，使命感不是虚幻的东西，这里面有很多的新的对人的评估标准的确立。比如，这个员工为企业贡献了什么？他是通过个人作出的贡献，还是通过团队作出的贡献？他能够带动其他人的工作激情吗？他是不是一个精力充沛的人？在他的职业生涯中，有几次超越了对自己的期望？他是不是一个能够自我超越的人，能不能带领团队进行超越？这些新的对人的观察点，和以往不一样的地方，就是不仅注重自己的贡献，还善于将自己的目标变成团队的目标。他不是一个权力中心，而是一个整合中心，能够将资源整合起来，去做开拓性的努力。

具有使命感的组织实际上是生存能力最强的组织，这样的组织也是一个聪明的组织。以使命感为核心的企业具有强大的再生能力，而且承认多中心的权力机构，也就是一个扁平化的组织。管理以责任为核心，利益满足是运转的方式，管理权力因一项事业的贡献展开。这其实是对以往权力观的一种变革，甚至是颠覆。

聪明的企业承认多权力中心的管理结构，就是一个事业部一个权力中心。事实上，我们对智慧型组织的模型结构的理解，就是脑袋可以长在企业机体的任何一个地方，如果我们将智慧型组织比喻成一个百变章鱼，会随着环境变化快速的变换颜色，不仅仅是因为章鱼有一个强大的大脑，而是每个皮肤细胞都能够根据环境的变化而变化。智慧型组织的每一个细胞都是聪明的，而且是由更多的聪明细胞组成的多细胞生物体。

对于过去的管理分析，我们不想多去描述，而是立足于世界变化的本质，去做前瞻性的管理想定。我们认为，面对未来的挑战，能够生存下来并且生存很好的组织，都是聪明的组织。正像大象没有统治地球而人类能够统治地球一样，不是你的机体有多强大，而是在于你有多聪明。也许人类永远也不能统治地球，但是在适应能力上却远远高于其他物种。因为只有真正的群体智慧和共享知识的组织才能够适应未来的挑战。

第三章

相对稳定与适时、适度变革的机理

> 谈平衡，并不是消极的"维稳"，变革中的"稳定"最
> "平衡"。

第一节　辩证看待企业平衡管理中的"变"与"不变"

一、平衡管理理念不是针对"状态"而言，勿误解为追求"稳定"

企业追求的是动态的平衡，做一个企业的管理者其实很不容易，既需要关注企业当下的运营状态，也需要关注企业的未来。因为未来都是今天的努力种下的种子，生根发芽培育出来的。我们关注到很多现状良好的企业实际上都是过去努力的结果。这个良好的状态可能是企业面前的管理者创造的，而企业的管理者需要思考，我能够为几年后的企业贡献什么？有什么必须要做的事情？

尽管德鲁克说过一句话："管理得好的工厂，总是单调乏味，没有激动人心的事件发生。"我们可能不能理解这句话的真正含义，好的企业应该有很多惊喜的事情发生才对的，为什么却是平静如水呢？

其实答案很简单，企业总是在做正确的事情。企业管理在根本上提高了管理的有效性，企业管理必须有效果，出成果，这意味着企业的管理文化就是直面问题，用真诚的方式去解决问题，而不是躲躲闪闪，杜绝一些形式主义的东西。

做企业，需要将企业过去、现在和未来连在一起，在过去，企业取得过辉煌，在特定的时期内，企业形成了相对稳定的管理结构。这种管理结构也就形成了一些利益的固化，无论外部的环境怎么变化，在企业里面总有一个群体希望按照以往的成功方式继续去做事。其实市场是动态的，所以企业的经营一定是动态的，追求稳定的企业一定是错误的。

中国思维中的居安思危是一种典型的平衡观念，在企业的管理中也是最基础的思考方式。

对于企业运营的状态，现实是最重要的，所以企业的主体运营资源都立足于现在，把握住今天的机会。但是把握住今天的赢利机会并不代表明天还有机会赢利，所以今天就要为明天做准备。

阿里巴巴集团创始人马云表示，作为创办企业的人来讲，在看到未来美好前景的时候必须预测未来的灾难，什么样的灾难？遇到灾难该怎么办？这些问题会花费企业家大量的时间。所以他提醒员工，现在企业将面临更加严酷的环境，因为现在整个世界经济出了问题，在这样的情况下，所有的企业要准备好迎接挑战。马云认为，冬天一定会回来，不是说阿里巴巴有冬天，也不是说互联网有冬天，而是每个人要有过冬的意识，每个人要有忧患意识，冬天并不可怕，没有准备的冬天是非常可怕的。

马云认为，成功的企业之所以能够不断地走向成功，是因为他们总是怀有一种居安思危的意识，面对危机四伏的市场环境，他们始终保持着清醒的头脑和理智的行为，并积极去构筑自己的防范壁垒。张瑞敏曾形容自己："如临深渊，如履薄冰。"比尔·盖茨也经常告诫自己的员工："微软距离破产永远只有18个月。"

阿里巴巴集团本身就是一个不断适应变化的企业，虽然已经做到了这么大的规模，但是在竞争无边界的现代商业世界里，需要时刻警惕环境出现的新变化，没有敏锐的感觉，反应迟了一步，就可能处于比较被动的境地。危机感来自不断的进取精神和超前意识。没有长盛不衰的产品，也没有一劳永逸的成功模式，任何优势都是相对的、暂时的。企业经营者要居安思危，只有适应市场的发展，企业才能够长期生存下去。

经营企业，千万不要有满足感，越追求稳定，实际上就会越不稳定，而企业的懈怠往往就是其他企业的机会。因为你失去的东西刚好能够被别人捡到。经营企业向来都是在正确的时间做正确的事情，如果不是在最好的时候规划未来，进行变革的话，等到企业开始走下坡路的时候被迫进行变革，那就来不及了。最好的结局也是做得很勉强，让自己的企业经历一次生死的考验。

经营企业时所遇到的一些危机可能来自企业外部环境的不确定因素影响，但必然有企业内在的根本原因。毛泽东说过，外因是变化的条件，内因是变化的根据，外因通过内因而起作用。为什么面临同样的危机环境，一些企业能够从容面对，而一些企业却不堪一击？另外，任何危机都不是一朝一夕所形成的，俗话说，"冰冻三尺，非一日之寒"。追求企业的稳定状态，是这一危机的序幕。

企业的变革是常态的，变革管理在企业中应该成为常规管理的一部分，这就是前面讲的德鲁克的那句话，企业不需要要死要活的演韩剧一般的经历，而是需要将面对未来的事情做成企业常规的规划。企业不期待天才来实现逆转，但是做事应该未雨绸缪，居安思危，这样在危险突然降临时，才不至于手忙脚乱。真正有眼光的管理者，在企业攀登到高峰时就要想到低谷，在赢利的时候就要考虑漫长的微利时代里的长远规划。

二、平衡管理的核心是"实事求是"和"高效"

平衡管理是一个新的概念，中心是一个责任，两边放着"实事求是"和"高效工作"这两个基本的工作方法。

管理学上有一个基本原则就是"根据事实作决策"，真实完整的信息带来科学的决策，而错误的信息则误导管理者，让管理者作出不科学的决策。不科学的决策所产生的后果是非常可怕的，在经济领域，最大的浪费其实就是决策错误。

市场环境瞬息万变，今天的畅销商品，明天就可能滞销积压。作为一个高素质的管理者，在战略管理中应时刻居安思危，善于规划未来，着眼于潜在市场需求，把握好长远规划，事先早做准备，绝不可在一时的安逸中高枕无忧。企业的经营战略，既是企业谋取长远发展要求的反映，又是企业对未来较长时期内如何生存和发展的通盘筹划。虽然它的制定要以企业外部环境和企业内部条件的当前情况为出发点，并且对企业当前的生产经营活动有指导、限制作用，但是，这一切也都是为了更长远的发展，是长远发展的起步。

如何做到这一点呢？德鲁克认为，作为管理者一个重要的品质就是诚实正直，如果缺少这个品质是无法担任管理者职务的。不诚实就做不到实事求是，这样的管理者很容易将自己的团队带偏航向，让企业迷失在权谋这些人性的丛林之中。

郭士纳在《谁说大象不能跳舞》中指出，"所有的机构领导人都不可避免地面临这样一个挑战，即保持自己组织中公正的环境和原则性裁决。但我认为，这里并不一定就涉及不诚实、违法或者说谎以及偷盗等行为"，"一个不正直的人，无论如何都不应该被委任为公司或机构的领导人"。同样的观念，也在韦尔奇的论著中被提道："首先，做一个正直的人""诚实是对所有领导者的要求"。

诚实正直是自我管理的先决条件，如果做不到这一点，自我管理就无从谈起，无论家庭还是组织、社会，无论是企业还是非营利机构，无论在哪个企业、哪个部门，要想管理好别人，首先要从管理好自己入手。如果不从自己开始，令自己在治理方面达到一个平衡的话，就不能去谈别的，所以管理者必须诚实正直，对于事情不要有任何的遮遮掩掩，直接面对，实事求是。

做到诚实正直很重要。品格有问题会导致上下级之间产生混淆，有的人认为需要信赖自己的上司的人品，有的人则相信自己老板的工作能力是有的，但是对他的品格并不认同。而这种对人品的不认同对于组织来说是致命的，这意味着在组织中缺乏信任的基础，对于企业的价值观会产生危害。

在全世界任何国家，诚实和正直的品格都被认为是正向的价值，我们在无数的电视剧中看到企业内部和外部你死我活的争斗，其实这都是年轻人创作的剧本，根本不知道企业经营是怎么一回事。几乎在任何国家人们所认为的那种诚实、正直、道德、品格基本是相通的。

企业内的权谋是事业的大敌，在正常的市场经济条件下，要获得长远的成功，需要一种高效的做事方式，只有做事无能的企业才热衷于内部的权斗。在当下的中国，提倡诚实正直做企业会遭到一般人投来怀疑的眼光，但其实缺乏正直做事的职业精神，才是贫穷落后的总根源。

缺乏诚实正直品质的人，建立简单企业是可能的，但是建立一个现代企业几乎是不可能的，因为一个现代企业必须要有一个高素质的团队。领导者的境界很低，如何去领导高素质的人，如何建立一个高素质的团队？靠一个走江湖的领导者如何实现企业高效运营？

诚实正直的做事精神，能使企业获得真正的功力和高精尖的技术能力，成功的企业都注重系统能力的积累，那些浮萍一般的企业实际上是无法获得大发展的。因为企业缺少价值观的引导，人与人之间产生的冲突往往变得不可调和，也就无法及时有效的协同，这样的企业是无法高效运作的。

德鲁克说："一个人的才能，只有通过有条理、有系统的工作，才有可能产生效益。相反地，在每一个机构中，总会有一些极为有效的勤勉人士，当别人忙得晕头转向的时候（一般人认为忙碌就是有干劲的表现），那些有效的勤勉人士却像龟兔赛跑的童话一样，脚踏实地，一步一个脚印，率先到达目的地。"

德鲁克在自己的文章中就很清晰的说明了有些领导者低效，是因为他们缺少实事求是的精神和品格，欺骗自己也欺骗别人。真正高效的管理者，会在直面事实的情境之下作出正确的决策，做正确的事情。真的做到了诚实，也就能够最大限度地帮助企业少走弯路。

管理学者邱伟认为:"作为领导者,实际上把员工交到你的手里是让你帮着他发展。让他们能够通过工作来展现自己的才华和潜力,通过帮助人去发展,去发挥他的潜力,领导者才能看到工作中永恒的地方。"

一个自身正直,能够发掘别人潜力的管理者,才是一个合格的管理者。每个人都是有缺点的,需要找到自己的长处,找到相应的领导帮助发展自己的长处。好的管理者先管理好自己,然后才能够带领好整个团队。管理者认清了现实,就不会出现盲目的自傲,而这往往会成为自己的绊脚石,阻挡企业成为一个高效的企业。

三、使变革成为管理中的"稳定状态"

变革管理常态化的问题,也是一种平衡之道。企业需要贯彻一种文化,就是变革是企业永恒的主题。一流的企业是一个随着环境变化的流体结构,它不会放过任何缝隙里出现的机会,一个有智慧的企业模型应该是无形的异性结构,形体柔性能够跟环境浑然一体。

生于忧患,死于安乐,这是中国的古训,一旦企业的领导者丧失了对市场的敏感性,或者开始追求歌舞升平的时候,实际上危机已悄然降临。当今的市场竞争和以前的竞争强度已经完全不同了。在过去一个企业灭亡需要很多年,是一个缓慢消亡的过程,而现在,很多强大的企业突然一下子就没有了,或者完全失去了顾客的宠爱。这就说明了围绕顾客价值的企业变革是企业常态化的"生活方式"。企业想要活命,就必须这么干。

企业当中也会有一群追求稳定的员工,他们会反对变革或者持观望态度,他们害怕变革会带来利益损失,其实不变革才是最大的风险,企业在等待的时候是最危险的时候,做企业就要面对这种变革的状态。笔者认为,成功几乎产生不了任何智慧,因为智慧基本上都是从失败中得到的，所以你就得决定面对失败应该持什么态度。

主动变革可能会面对失败，但是这种失败往往是企业能够承受的，因为这样的变革是在主业运营良好的情况下实施的，而一旦最好的时间点错过了，企业去被动变革的时候，实际上面对的环境会更加复杂，因为这时候可能面对的主业和新业务都陷入了失败的境地，很多企业的死亡都是这样的情境造成的。

在国内的企业界，有很多意气风发的企业家，他们在企业风光的时候做了很多高调奢华的事情，其实这对于企业团队成员来说是一个忌讳点，虽然这样的人可能是企业最大的股东，是老板，但是成功还是要跟自己的团队分享的，而不是一个人的豪车、私人飞机和游艇，或者国际顶级艺术家的艺术品。当企业家开始沉迷于奢华的时候，往往是企业变革能力最弱的时候。一个人全心全意尚不能将企业做到优秀，何况三心二意呢？就在企业领导者开始享受这种短暂的稳定的时候，在企业之外，消费者抛弃企业的事情正在发生。等到企业领导者回过头来，其实变革的机会已经丧失掉了。

企业的失败，往往不是局部的失败，一旦扩张和拓展的势头没有了，企业就进入了一个恶性循环，很多领导者认为自己的资产还在，能够从容的面对现实，其实人才团队的离散，对企业已经没有多少价值了。这样的企业领导者最后可能会失去一切，而且负债累累。

德鲁克说，企业家不是财富的象征，它是一种职业，是一种注定要比很多人活得更痛苦的职业。企业家沉迷于自己的创新和创造之中，他的生活目的就是致力于很多资源的新组合，这几乎成为自己思考和生活的一种本能。企业家厌倦稳定和一成不变的生活及企业运营状态，因为只有企业运营是动态的，才有把握新机会的可能性。

企业家注定是痛苦的，因为成功的喜悦往往只是一瞬间，他就需要进入下一个商业价值的创造中。安逸和稳定的生活，对于企业家来说是奢侈的，他们是真正以苦为乐的人，当企业家失去斗志的时候，或者改变自己奋斗信仰的时候，也就意味着企业的领导层已经开始衰败了。

　　企业的稳定状态是一种奢侈品。只有最优秀的领导者和管理者才会认识到，其实最安逸的时候也就是最危险的时候，因为这时候最容易丧失的就是继续开拓新业务的意志和动力。一流的企业总是在主体业务还没有进入高峰的时候就开始有序的撤退了，卓越的领导者视今天为过去，今天的因是明天的果，所以他们愿意投资未来，更重要的是，他们知道如何激发团队的斗志，这是很重要的软实力。我们要从小接受这样的教育，比如说小孩一块儿玩玩具，不要动不动就打架，随着人年龄的增长，这种天性就丧失了，企业领导者要做的，就是将人最初的斗志引导出来，做成一个战斗力强大的团队。其实，如果给企业一个更高的目标，给团队成员一个更高的目标，当下的安逸就真的成为浮云了。

第二节　变革是绝对的，不变是相对的

一、"不变革"形同死水一潭，"频繁变革"导致高耗低效

企业需要有很强的变革能力，也需要有定力。

企业如何进行变革管理？实际上，现在的管理创新理论是完全正确的，企业如何去完成变革，在企业成熟的体系内去完成变革几乎是不可能的，因为这样的整体转变成功的概率实在是太低了。

变革需要在企业的体系外进行，组建新的团队，令最有领导力的人负责这样的新业务，这和企业的主体业务没有直接的冲突，有时候投资的是竞争性的业务。这种新业务的培育，成功的可能性就很大，投资于自己主体业务的革命性的技术体系，也许是创新的好策略。

如果企业不变革则很快就变成死水一潭，企业的变革有业务体系内的变革也有体系外的变革。有时候体系内的变革只是权宜之计，企业的变革成果还是要看企业的外部环境，如果环境变了，内部的企业变革做得再好，也无济于事。

曾获诺贝尔经济学奖的赫伯特·西蒙认为，管理就是决策，决策是管理的核心。上至组织的最高领导人，下至一线主管，他们最重要的职能就是进行准确的分析、判断和决策，甚至连普通的一线执行者也要在其职责范围内进行决策。本书也提出了一些看法，就变革而言，变革就是决策，决策也是变革的核心。大变革是大决策，小变革就是决策，变革总是在企业运营战略层面上进行，所以变革没有小决策，每一个步骤都关系到企业未来的命运。

这个世界上没有不变革的企业，只有变革不够快的企业，或者在中

途做了战略妥协，从而导致了变革的失败。在变革当中没有战略定力，也是变革失败的原因之一。

体系内的变革是趋于保守的变革形态，日本就有很多这样的例子。例如，日本电器在20世纪80年代是全球第一的企业，在模拟技术领域没有人能够超越他们，他们将电子模拟技术的研发做到了极致，在设计精致化和产品小型化方面做了很多的创新工作，日本人以为这样的变革是正确的，他们努力在这个技术体系内维持自己的领先地位。

但是从90年代开始，随着数字技术的发展，全面代替了模拟技术，日本的模拟技术被淘汰了。日本的模拟高清电视技术和国际数字技术根本就不兼容，中国在20世纪80年代末90年代初引进的日本技术，比如花录，刚上生产线就被淘汰了。这都是没有去拥抱革命性的技术，而是期望在自己的优势上做修修补补。这在面对革命性的技术变革体系的时候会变得不堪一击。

做变革管理，就要有一不做二不休的勇气，没有自我革命的勇气是无法做变革管理的，妥协性的变革其实意味着企业战略在不断地游移，那些妥协性变革的企业，往往是常常变革，常常失败。

当年，鉴于客观的国情基础，邓小平提出了"改革开放一百年不动摇"的指导思想。为了实现民族的伟大复兴，我们必须有一百年的持续改革，才能真正有脱胎换骨的变化，所有的国策制定都必须以此为总方针，其他都是辅助的，都是服务于这一战略原则的。正是在这种战略思想的指导下，才创造了中国经济开放和思想开放的辉煌成果，这就是超一流战略家所具备的战略决策能力和战略定力。

改革没有妥协，要么不改，要么就真正面向未来，去做最该做的事情，这需要实事求是的精神。企业家的定力，就体现在对企业核心价值观的坚守上，对企业经营原则的坚持与执行上。如果企业的经营核心背离了核心价值观和经营原则，陷入困境便是早晚的事。

没定力的企业常变革，甚至经常会撤换企业管理层，变革的意志如此的薄弱，是无法承担变革带来的阵痛的。

变革领导者的定力对于企业长期的经营成功有着关键性的影响力。出色的企业无一例外地在技术、品质、成本控制和服务上都创造了领先优势。如果这些企业没有多年如一日的对技术与品质的追求及大胆投入，企业的根基就会像浮萍一样肤浅；如果这些代表性的企业没有多年如一日的优质成本控制力与服务力，企业就不可能在这么复杂的竞争环境下获得长期成功。

所以，变革需要深潜下去，将一件事情做到极致。做企业不是搭积木，一不耐烦可以推倒重来，很多时候，企业推倒后会完全没有机会重建。作为企业的领导者需要克制自己的情绪，不要被冲动和鲁莽冲昏头脑。很多人在羡慕国际著名企业的品牌竞争力的时候，往往忽视了它们长年累月的基础建设以及核心竞争力的构造。

领导者要始终保持清醒的头脑，才能在错综复杂的经济形势面前，牢牢地把握方向，驾驭全局；才能在各种困难和风险面前，发扬坚韧不拔、一往无前的精神。你只有守得好才能进攻，攻得好就是最好的防守，但前提是必须守得好，所以守是第一位的。变革是企业的奇兵，在企业外部构建打败自己的革命性团队，比被竞争对手打败更好。

企业的不变，也是基于市场的考虑，比如在产业升级比较慢的行业，就需要将自己的主业做到数一数二以后，再去做好下一步的战略部署。无论遇到什么样的市场情况，企业总能够保持一两个赚钱的项目，这就是企业稳健发展的秘籍。要求胜的前提是首先将自己立于不败之地。为了达到"先求不败"的战略目的，企业家必须长期关注技术的创新、产品的创新、品质的提升、成本的标准化、组织结构的合理化、人才梯队的阶梯成长性、核心文化的有效传承、价值链通路的建设。有战略定力的企业家，经得起挫折，耐得住寂寞，不为假象所惑，不为名利所动，从来不会半途而废。

企业变革和守成需要平衡，变革是企业管理团队自我超越的一个部署，企业永远不要放弃自我超越的机会和挑战。变革实际上变的是企业的心智，高超的变革需要高超的负责任的领导人。所以卓越企业的背后，必有卓越的领导。

二、平衡管理要求一定的"度"和"期限"的稳定性

企业本身就是一个生命体，而不仅仅是一群人赚钱的工具，如果用生命去理解企业的话，就能知道该怎样去治理一个企业，为什么企业的管理需要平衡，企业的结构需要合理，企业需要怎样去处理内外关系。

机体的健康是一个生命体进行活动的前提，而保持健康的体魄就要有一个平衡的身体机能，整个企业各组织之间进行有条不紊的配合，实现不断的新陈代谢。机体健康的人能够根据自己的状况选择道路，健康对于企业其实也一样，企业管理层实际上就是企业的大脑，一个企业需要整个机体结构的平衡，否则就不能在合适的环境中去做合适的事情。

这种平衡在中医理论中是一个基础理论，中医认为人之所以会生病，完全是因为肌体内部失衡，所以在治病的时候，只需要让身体回到原来的平衡状态，人的身体就会好起来。平衡是一个"度"的问题，企业管理处于一种恰到好处的状态，其实应该是追求的那种健康状态。

这样去理解企业的时候，我们每一个人在企业的角色其实就自动归位了。企业与人一样，也有生老病死，也有它的命运，也有细胞、组织与系统，也有遗传、变异与繁衍。企业的管理者只是企业的大脑，实际上不是企业的全部，所以一个强大的领导者是必需的，但是如果领导者离开了企业系统性支持的话，什么事情也干不成。

从生命的视角认识企业，可以让我们更加了解管理的本质，从而起到化繁为简的作用。生命型企业不仅要学习，还要发展、成长；不仅要有核心竞争力，还要能快速地适应变化的环境；不仅要创造价值，还要

整合资源，实现价值的交付和交换。

人的一生是有周期的，一个人该在什么时候干什么事情，是有一般规律的。企业在运营过程中，利润是空气和水，需要不断地和外界做物质和信息的交换，水和空气是维系生命的重要物质，生命体须臾不可少，但是一个人活着不是为了呼吸空气和喝水吃饭，而应该做些什么事情，为自己也为他人。企业也一样，其事业心也不仅仅就是为了赚钱，而是能够创造商业价值，向客户交付产品和服务，生命型企业组织既然是有生命力的，就需要我们理解"生命"。只有理解"生命"，才有可能维系"生命"，乃至延续"生命"。在这个过程中，也就理解了什么才是真正的平衡。

美国艾迪思研究所伊查克·艾迪思（Ichak Adizes）博士对企业的生命过程作过深入的研究。其企业生命周期理论影响很大并被广泛接受。这给我们观察企业的运营规律提供了一个非常好的视角。作为一个理解企业系统的工具，在全世界的企业管理实践中显得非常有意义。

该理论主要从企业生命周期的各个阶段分析了企业成长与老化的本质及特征。艾迪思把企业生命周期形象地比作人的成长与老化过程，认为企业的生命周期包括三个阶段十个时期：成长阶段，包括孕育期、婴儿期、学步期，青春期；成熟阶段，包括盛年期、稳定期；老化阶段，包括贵族期、内耗期或官僚化早期、官僚期和死亡期。每个阶段的特点都非常鲜明，并且都面临着死亡的威胁。

孕育期是指创办企业的人都拥有雄心勃勃的创业计划，并且愿意对风险做出承诺，这样一个企业就诞生了。企业诞生后，进入婴儿期，一般来说，这时的关键问题是资金不足，因为一旦企业失去资金的支持，婴儿期企业将难逃夭折的命运。

学步期是企业迅速成长的阶段。创业者这时相信他们做什么都是对的，因为他把所有的事情都看作机会，这常常会种下祸根。

　　青春期是企业成长最快的阶段，规模效益开始出现，市场开拓能力也迅速加强，市场份额扩大，产品品牌和企业的名声已为世人所知晓。在这个阶段，公司采取新格局。创始人雇请职业管理人员，并逐步实现授权管理、制度化和规范化管理。

　　这个时期对企业创始人是个极大的考验。青春期过渡顺利的家族企业产权结构可能发生了变化，股权开始出现多元化或社会化，创始人逐渐从管理层淡化，经营工作逐步由职业经理人承担。但是这一切并非易事。往往是创始人自己仍然参与很多管理工作，与管理层发生矛盾；创始人、管理层和董事会之间发生矛盾，家族成员之间发生矛盾，以及老人和新人之间冲突不断。这些矛盾和冲突成为这一时期企业的主要问题。如果处理不当，企业内部可能发生政变，由职业经理人全面接管，创始人被迫出局（离异），要么职业经理人被赶走（企业倒退到学步阶段），要么家族成员之间反目为仇、家庭破裂等。

　　企业度过青春期，终于进入盛年期和稳定期，这是企业生命周期中最理想的状态。在盛年期，企业的灵活性和可控性达到平衡，企业非常重视顾客需求、注意顾客满意度，并且对未来趋势的判断能力突出。

　　企业发展的典型样本就是一直能够生产适合市场的产品，具有非常强的专业能力和服务能力，这是企业团队努力的结果，不管企业处于哪个时期，都需要以市场环境为准，所有生命体的平衡之道，首先就在于一个能够适宜生长的环境。

　　生长的规律其实就是平衡的规律，保持身体健康只是基础，企业需要有意识地去创造，需要主动思考的企业大脑，这些软性的思考能力决定了企业会去做什么。

　　企业如果是一个生命，那么做任何事情都不能超脱事情发展的规律，很多事实都证明了一个成熟的人需要时间的沉淀，一个成熟的企业也需要时间的沉淀。

这样的话，每一个阶段的成果都会成为下一个阶段再出发的起点，这就不会出现骄傲轻狂的情况，在每一个阶段都需要稳扎稳打，首先不要去想着经营目标，而要先考虑企业的管理基础和所掌控的资源，先找到经营安全的防线。在此基础上，再提出适当的目标。

目标的达成和经营质量的提升，需要相互配合，才能长治久安。这是建立在时间维度上的平衡之道。

所以，企业之间的竞争，表面上看是直接的攻城略地在决定胜负，实际上是体系平衡与否在决定胜负。系统与目标不匹配，就如马车上配奔驰动力一样，其结果可想而知。真正成功的企业，其基本功往往是很扎实的，其经营目标往往是低于其能力极限的，不会把能力一次用尽。尊重企业生命的事实，一个人只能扛100斤，将1吨的货物压在肩上，是要压死人的。企业管理者的平衡之道和战略选择体现了企业的经营智慧。

三、平衡管理本身（理念和手段）需要不断创新

追求企业运营一直处于蓬勃发展的向上的势头，是企业管理者的共同愿望。企业运营的规律在于保持企业机体和机构的健康，然后能够不断地向市场提供出色的产品和服务。这样的交换才能够维系企业的长治久安。企业从一个平衡状态转移到另外一个平衡状态，这就是一种成长。

企业需要不断的创新，对于很多企业管理者来说，他们认为自己的企业价值是从竞争对手那边抢过来的，实际上情况不是这样的，顾客从来就不是抢过来的，而是顾客自己作出的选择，企业不是死在竞争对手的手里，而是被顾客抛弃的，企业内部做得再好，也是没有价值的，企业必须是外向的，因为企业的成果在外部产生，顾客签单的手才是企业价值的源泉。所以，企业所有的创新都是为了追求更大客户价值的创

新，这是创新永久不变的本质。

变革和创新在很多企业里都是摆在嘴上的，一流的企业需要出色的提出概念的能力，这个概念一方面是给企业内部的员工听的，也有一部分是给自己的顾客听的，概念力是企业影响市场的基础。**一个没有概念力的企业其实是没有创新能力的，创新，不管是技术创新、设计创新还是制度创新，其实都需要企业领导层有自己的眼界，能够提出引领市场的概念。企业能够走多远，实际上取决于领导层的眼界。**

企业领导层的眼界会变成战略规划，总体战略规划是建立在适应企业内外环境的基础之上，先确定企业战略目标，再带动全局的；不是由近及远，而是由远及近的一种规划。这和个人的职业生涯设计没有什么两样，现实是未来的基础，而未来是现实的发展；现实是立足点和出发点，而未来是着眼点和目标点。管理者在制订自己的战略方案时，只有立足现实，着眼未来，才能有所创新，保持领先和主动，把握和赢得未来。因此，管理者要居安思危，构建长远战略，体现出未来意识和超越意识，树立"明天即今天"的观念，才能使企业具有竞争力。

平衡管理其实就是管理好推陈和创新之间的平衡关系，当然这些都是理论体系，在管理实践中要去达到一种平衡之道并不是一件容易的事情。平衡管理中的"推陈"实际上就是要不断推出成熟的产品和服务，因为市场只接受成熟的产品和服务，这可以给企业带来源源不断的现金流，能够维系企业的正常运转，这很重要，也是职业经理人的主要工作。

对于平衡管理中的创新部分，则是企业的长生之道，不创新的企业无法获得成长，没有一个企业能够做到不去创新就能够给企业带来丰厚的回报。向市场推出成熟的产品和服务，需要系统的管理技巧和手段。而创新的产品则需要企业的管理者去提高自己的眼界，需要人们通过观察、研究去寻找或认识，在新观念的基础上整合资源实现创新。

一个企业不管如何搞创新，都离不开一流的好产品。产品是连接企业和顾客最基础的东西，好的企业都会用产品跟顾客去对话。所以，任何企业都不可以轻视技术，技术能力是一种防竞争的壁垒，当一个企业真正意识到技术的重要性的时候，才是一个务实向前行走的企业。发明与"技术"和"工艺"相关联，发明与发现密切相关。发现是通过观察事物而发现其原理；发明是根据发现的原理而进行制造或运用，产生出一种新的物质或行动。发明和发现终究离不开企业团队的知识和思维模式。

与时俱进是一种思维，也是一种能力，革新改变原有的观念、制度和习俗，提出与前人不同的新思想、新学说、新观点，创立与前人不同的技术产品等。人类社会是不断发展变化的，为适应这种变化，人们原有的伦理道德、价值观念、政治制度、法律制度、婚姻家庭制度、礼仪制度、生产制度和宗教制度等，也必须随着变化而不断地革新。

企业界的管理行为就是随着社会的发展而不断超越前人。创新是企业进步之源，创新是企业文化变迁的基础，巴尼特在《创新：文化变迁的基础》中说："创新"是指"在实质上不同于现有形式的任何新思想、新行为或新事物。"

我们所说的超越，也许不是指技术本身，阿里巴巴创始人马云不懂网络技术和软件技术，照样能够带领团队成就这个世界上最大的电子商务企业。企业管理者靠的就是眼界和整合，如果在做事的过程中不断地推出新的概念，组建一家以价值观为主导的企业，那么这样的企业是能够实现大发展的，马云已经证明了这一点。

平衡管理本身的定义也是在不断变化的，传统的制造业企业的管理体系和信息化条件下的企业管理体系是不同的。所以，平衡管理不是一个静态的东西，它也需要因时而变，不断确定在企业运营过程中，哪些是有益的东西，哪些是没有用的东西，由此，平衡管理也是一个动态的不断完善重建的过程。

老的管理方式在企业中逐步淡去，新的管理模式需要不断的和环境的现实相适应。新的平衡管理模式已经不是控制，而是协调；不是领导，而是发现。

不管怎么说，企业就是一个人，作为一个人就需要有目标，这是比管理模式更重要的问题，经营企业必须要有强烈的指向性，有自己的目标，商业是扩张性的，强调敢于竞争和扩张的经营策略。显然，一种不敢竞争的文化在企业之中是非常有害的。所以，企业领导者必须有战斗精神，即使已经做到了成功，达到了优秀和卓越，也需要以自己为敌人，在明天做更好的自己。这才是一个合格的企业领导者。

第三节　有所变，有所不变

一、企业愿景和文化等需要长期稳定性

一个企业按照什么样的逻辑去做事，为什么样的顾客去做价值交付，赚什么样的钱，其实都是一种管理状态。观念决定了管理模式，也决定了能够做成一个什么样的事情。对于企业来说，领导层抱定的愿景和文化实际上就是企业的基因，基因在最初只是受精卵中的遗传物质的片段，但是却决定了企业长大以后是大象还是老鼠。所以，在做企业的过程中，表面上是企业的做事能力，在本质上，却是企业的文化基因在起作用。

为企业制定一个明确的、振奋人心的、可实现的愿景，对于企业的长远发展来说，其重要性更为显著。处于成长和发展阶段的小企业可能会将更多精力放在求生存、抓运营等方面，但即便如此，管理者也不能轻视愿景对于凝聚人心和指引方向的重要性；对于已经发展、壮大的成功企业而言，是否拥有一个美好的愿景，就成为了该企业能否从优秀迈向卓越的重中之重。

在吉姆·柯林斯所著的《基业长青》一书中指出，那些真正能够留名千古的宏伟基业都有一个共同点，就是：都有令人振奋并可以帮助员工作出重要决定的愿景。愿景就是公司对自身长远发展和终极目标的规划和描述。缺乏理想与愿景指引的企业或团队会在风险和挑战面前畏缩不前，他们对自己所从事的事业不可能拥有坚定的、持久的信心，也不可能在复杂的情况下，从大局、从长远出发，果断决策，从容应对。

企业的核心竞争能力其实是企业的文化，也就是企业的基因，什么

是企业核心竞争力？不是那些产品，不是服务，而是你自己特定的文化。产品能复制，但核心竞争力偷不去。再好的产品在信息化的今天也会被迅速复制，你得到优势、失去优势的时间越来越短，只有你自己的特定文化别人学不去，这就是竞争力。

企业文化是企业员工共同认可的价值观和行为方式，是企业活的灵魂。文化建设的目标就是要使企业愿景目标、各项规章制度等被员工认可并愿意为之付出不懈的努力，这是推行自主管理的基础，否则自主管理无从谈起。在员工中营造一种人情味与亲和力，会引起员工的共鸣，也会极大地激发员工的凝聚力和团队意识。

企业什么都可以改变，唯独企业文化不能随意改变，也许在创业的初期，企业为了生存，不会去计较什么是企业的文化，往往认为企业文化不能当饭吃，但是到了一定的发展阶段，企业文化就应该发展出来，固定下来，这样企业经营才有内心的定力。

比如海尔的一线工人就形成了自己的管理文化，"缺陷自我身边止，不犯缺陷不传递，日清日结日更高，分析主观更有效"。当这种文化理念形成他们共同的价值观时，他们就会自觉遵守与维护，做到自我约束、自我控制。

中国企业之所以对愿景和文化不太重视，是因为在建立组织的精神性方面，工作做得太少，也没有那么高的眼界。乔布斯的"活着就是为了改变世界"不仅仅是一句口号，他确实也用一生去做到了，继承了他的文化的企业还在继续往前走，这就是文化的魅力，能够挖掘组织中的精神力量。

真正的企业家赚钱不是目的，而只是手段，只是事业的保障，其精神世界里有一种一般企业家难以企及的境界能够不断探索、不断学习、不断创新，并对自己认定的价值观如宗教般坚定追求。《德鲁克日志》在论述"精神的价值"时指出："人绝不仅仅是生物生理学意义上的存在，而更是一种精神存在。"正如德鲁克所指出的："只有同情能够拯救认知，我所担负的无以言传的责任的认知，是对精神的认知。社会需要一种精神价值的回归，并不是说要抛弃所有物质的东西，而是为了使物质充分创造价值。"

企业要变的其实是物质性，因为只有和外界不断地产生交换，才能够维系企业的生存和发展，但是一个优秀的领导者，一定会发展出企业的精神性，我们需要问一句，你创办的企业的灵魂是什么？很多企业都是没有灵魂的企业，这是原始的企业，这样的企业只能给客户创造物质价值，不能产生精神价值，因为他们不了解精神价值的意义。

企业文化不是虚无的东西，它能够激励、培育团队精神。团队精神是现代企业精神的重要组成部分，是促进企业凝聚力、竞争力不断增强的精神力量。发动员工必须辅之以正确的思想方法，必须把团队精神的培育和打造作为重要内容，贯穿领导工作全过程。这是领导者打开成功之门的一把金钥匙。

企业文化在企业上下创造一种积极向上的氛围，激励员工自愿地为企业多作贡献。要大力提倡互利共赢的理念，使员工自觉地将实现个体价值和企业前途命运紧密联系在一起，实现领导者和员工双赢，员工和企业双赢。

比如，建立学习型组织就是一种企业文化，但是大部分企业对于建立学习型的组织认识不足。而只有让学习成为组织的一部分，企业才能够不断发展自己的人力资源，成为一个高端的企业管理团队。

海尔推行的自主管理模式，实际上不仅仅是一个管理模式，也是一个企业文化的建设过程，在"自主管理"的团队中组织成员能够不断自主地发现问题，同时不断地学习新知识，不断地提高劳动技能，不断地改善和提升工作效果，不断地进行创新，真正做到敏学日新，使组织自主地进行新陈代谢，保持企业健康向上，焕发勃勃生机。

企业文化和愿景其实是解决企业精神性的问题，企业精神一旦确立，就不要随意去改变，企业文化需要成为企业做事的伦理。当企业文化成为企业骨子里面的东西，对于企业发展是有莫大的帮助的。

二、一旦确定，就不要随便变动

在平衡管理的模式中，最忌讳的一点就是战略犹豫。

一个公司需要进行平衡管理，但是也要分什么样的情况，因为这个世界是丰富多彩的，在企业的丛林中，每个企业遇到的情况都是个性化的，彼此迥然不同的。如果将自己定位为虎，那就要按照虎的模式去做事情，老虎不需要用老鼠的方式来做事。问题是，我们的企业是什么样的企业？这样的问题也许不需要答案，我们去思考的时候，就该知道自己该做什么，不该做什么。

企业在战术层面上要保持足够的灵活性，在战略层面则需要坚守，坚守是一种精神层面的东西。著名财经作家吴晓波在总结当前中国企业家的状态时，直言不讳地表示："中国企业家无精神"，"当前的中国企业家们正无所事事"。伟大的企业并非利润最大的企业，而是有一套伦理价值的企业，最起码的一点就是尊重生命。

指引企业走向未来的灯塔是全球的普世价值。诺贝尔经济学奖得主阿玛蒂亚·森说，**以自由看待发展，发展的目的是为了人的自由，解放人的创造力**。

战略其实就是价值观派生出来的孩子，所以价值观是企业运营最基础的东西，价值观是企业的灵魂，没有灵魂的企业犹如僵尸一样的企业，他们什么钱都赚，什么钱都敢赚，这是僵尸型企业的主要特征，僵尸型企业和其他的社会组织其实是走不远的。

一个企业的价值观是值得企业坚守百年的东西。我们说一个企业要做百年企业，不是企业做100年，经营的内容不改变，而是一种对于企业文化和价值观的坚守，企业的灵活性需要和企业的坚守性成为一个平衡的体系。这也就是我们提倡平衡管理模式的原因。

一个人有什么样的价值观，就会有什么样的行动和作为。企业亦然。企业为什么能够百年不衰？美国一家公司花了20年跟踪了解世界500家大企业，他们声称自己找到了企业可持续发展的秘密。一个产品只能让企业兴旺发展几年时间，很少能够让企业兴旺十年以上的。这说明产品本身不是企业基业常青的保证，企业适应市场的能力才是长久之道。而这个能力都在人的身上，有最棒的管理专家，有最棒的技术专家，有敏锐的市场感觉，就能很自信地迎接市场的挑战。

可持续发展的企业，必定是一个具有强大价值观的企业。可持续发展的企业有个共同点，即他们始终如一地坚持四种价值观：人的价值高于物的价值，他们对于一流人才的尊重有加，有时候，为了某几个顶尖的人才会买下整个企业；他们重视合作，认定共同价值高于个人价值，个人的创造力能够用于企业和团队；用户价值高于生产价值，尊重顾客，引导顾客，创造需求。笔者觉得还有一条也是企业必须注意的事情，那就是本文开头所说的商德，坚持社会价值高于利润价值。

正确的价值观对企业的未来发展具有指导作用，错误的价值观可能会支撑企业走一段路，但是在过了这段路的时候就会加速企业的覆灭，很多惨痛的教训也已经证明了这一点。所以，一个企业的价值观必须对社会有益，对市场有益。否则最终只能做一个风光几个年头的企业，根本就经不起市场的检验。

现在来讨论企业的战略犹豫问题，也就是在面对诱惑的时候，企业不能够把握住自己，这样的企业实际上都是没有自己的价值观的，这些企业的管理者们热衷于财经界各种有关财富的神话故事，总是想着自己有一天也能够成为这样的财富主角。他们不是思考自己的顾客在哪里，怎么样创造一种产品满足顾客的新需求，而是热衷于钱生钱的游戏，将金融投机视做自己的事业。所以，在碰到诱惑的时候，他们也就没有了自己的定力，也就随波逐流的做生意，在商场上越来越失去自己，也越来越失去商业价值，最终他们失去了竞争能力，被市场淘汰。

战略坚守有时候是一种魄力的体现，没有定力的领导是危险的，没有耐力的领导是短暂的，没有魄力的领导是软弱的。在领导的工作中，有了魅力，才能产生魄力，而魄力则需要借助耐力来施展，最重要的是不能丧失了定力。这就是领导艺术的至高境界。

现在，很多的企业实际上是上市企业，资本市场对于企业管理层要的就是短期效益，很多上市公司最好都被资本绑架了，那些缺乏价值观的企业也就在资本的裹挟之下失去了自我，做了很多违背企业意愿的事情，只有那些目标坚定的企业家，才能够扛住资本对于企业经营目标的干扰。

企业家的任期限制和绩效要求，导致他们更加关注当前的生存和短期的经营效益，大部分资源都会集中于短期目标的实现，从而使更长远的战略目标失去了持续的资源支持。因此，在满足短期功利的前提下，中国企业里的明星很容易变成流星，真正把企业做大做强做长久，便是奢望了。

有价值观的企业实际上能够成为意志坚强的公司，具有持久的耐力和动力。在企业管理中，组织战略的实施以及目标的实现都需要坚定的意志，都需要领导者具备坚强的意志力。这种耐力能够感染被领导者的激情，激发他们的斗志，进而用持续的奋斗将组织战略付诸实施。如果领导者的意志力薄弱，就不可能为组织目标奋斗不息。因此，没有耐力的领导是短暂的，而充满耐力的领导才能得到人们的尊敬和景仰。

三、不要"风吹草动"，也不要"刻舟求剑"

阿里巴巴是个以价值观立企的公司，在 B2B 业务中，外贸领域出现了 0.8% 的欺诈，CEO 卫哲和 COO 李旭晖因负有领导责任而引咎辞职。在给集团所有员工的邮件中，阿里巴巴董事长马云说道："过去的一个多月，我很痛苦，很纠结，很愤怒；对于这样触犯商业诚信原则和公司价值观底线的行为，任何的容忍姑息都是对更多诚信客户、更多诚信阿里人的犯罪！"

很多人埋怨马云，说马云既压迫职业经理人去求得绩效，又要求他们坚守企业的价值观，他们将价值观和绩效之间的矛盾性提出来，似乎是价值观阻碍了企业的发展。很多人也怀疑马云的真诚性，只是借故排除掉一些不听使唤的管理层员工。

其实，从平衡管理的角度去看，这就是企业经营偏离了价值观的"风吹草动"，很多人认为这是马云的小题大做，其实0.8%的业绩对于整体来说只是很小的一部分，但是对于企业来说，任何一笔有欺诈的业务都是不被允许的，因为阿里巴巴存在的基础就是诚信，没有诚信或者丧失诚信的话，市场就会大大萎缩，这种积累产生的战略后果，阿里巴巴是无法承受的。

但是大多数媒体对于马云的表态还是非常认可的。阿里巴巴是一个依靠价值观来凝聚人心的企业，马云也是一个倡导新商业文明的企业家，这一点早已深入人心。阿里巴巴的发展历程证明了，一个企业只要为客户创造了价值，它也可以通过不行贿、不欺骗的方式获得发展，这样的经营哲学值得每个企业家学习。

这就是"不欺诈"的经营哲学——通过"不欺诈"和"不作恶"，逼着自己去弄清楚客户的真实需求，并致力于提升组织能力，努力满足客户的需求，从而获利。但是出色的企业领导者必须要相信，"不欺诈"的经营哲学属于未来的商业文明，会成为未来的主流。

在马云看来，价值观是自己必须捍卫的东西，领导者可以不断离开，新的领导者不断上任，但是价值观是不变的。和苹果公司一样，阿里巴巴也是以顾客价值为第一的，任何违背了这个核心价值观的员工都需要打包走人，任何员工只要在企业一天，都需要认同和实践这个价值观。

那些价值观不同的人才和员工被请出了公司，不是他们不优秀，而是他们不能认同企业的核心价值，这样的员工再优秀，也可能成为误导企业发展的一个因子。企业不赚什么样的钱是一个底线，没有这样底线的企业实际上是无法成为一流企业的。换句话说，没有一个一流的公司是没有底线的。那些走捷径的企业最终死在了捷径之上，因为他们本来就不是一流企业的根基。

企业不变的哲学就是对价值观的坚守，价值观是人性的力量，赋予了企业人格，这就是不变的经营哲学，就领导者而言，其实除了坚守的原则之外，一切可变。三星前总裁李健熙说过："除了老婆孩子，一切皆可变。"三星和一切国际一流的企业一样，坚守一种以顾客为尊的文化，以设计体验和品牌体验为核心，在全球市场攻城略地。国内一些电器制造商则一心盯着竞争对手，而不太重视真正的顾客价值的营造，也缺乏和顾客的沟通能力。这是中国缺少伟大企业的原因。

风吹草动的本质就是远离了企业自己的事业框架，而去追逐浮在水面上的财富，在国内的商业界，我们可以看到很多的不公平的、有悖于商业伦理的事情，那些造假者获得了成功，那些用权力寻租者获得了成功，在商业经营中，我们看到了普遍的商业贿赂。在这样发展道路上行走的企业注定不会成为一个优秀的企业，一个靠钻空子发展起来的企业是无法可持续发展的，因为创办者已经给企业种下了不好的种子。

领导者病态的人格特质不可能对团队产生好的影响，这样的企业很难成为一个对社会有益，具有可持续发展能力的企业。背离社会价值和商业价值的企业是一所坏的教唆学校，那些周旋于女人、内幕交易、权贵之间的企业管理者是十足的坏榜样。

战略就是不做什么的抉择，但是在企业中；企业领导者的格局是不断变化的，企业刚刚发展的时候，只是一个小店铺，管理者的理想就是做社区最好的一家店，这没有错。但是发展到一个现代企业的时候，实际上中间有一个脱胎换骨的过程，很多创业者起初的梦想只是为了改善生活，但是企业如果发展到一定规模，需要在产业链向上走的时候，我们就需要抛弃当初一个经验和教条的东西，"刻舟求剑"是荒谬的应对策略。遗憾的是，在企业运营过程中，总有一批"刻舟求剑"的老板，在企业做到一个阶梯的时候，就需要知道，对企业继续发展的最大限制，其实就是自己。

做企业的理想，很多都是人们在做事的过程中产生的，当领导者知道自己需要做什么的时候，他就会承担起自己的责任。成熟的人格是一个领导者能够承担任务的前提。唯有如此，被领导者才能乐在其中。抵制诱惑的前提是自己有一颗感知自己的心，不会发生风吹草动的事情。很多隐形冠军企业都是这样的情况，他们默默地将自己的事业做到全世界最好。

隐形冠军企业的领导者大多知道自己在做什么，他们追求卓越，而不是大众眼里的成功，他们的人格是成熟的。领导者人格成熟的判断标准就是：内心平静、沉着镇定、人格的完整性与一致性。能够诚实碰触自己内心的人，就不容易感到不安与动摇。相反地，人格不成熟的人身上潜藏着对他人有害的行为模式。能够正确评断人、事、物的人，就是一个成熟且有灵性的人。灵性并不是逃离现实，而是一种能够正确评断事物的艺术。由此，他们有所为有所不为，围绕市场做最擅长的事情，能够创造最大的市场价值。

第四章

待遇：公正原则之上的激励性

绩效管理中需要重视平衡理念。

第一节　薪资设计体现岗位的重要性和贡献度

一、薪酬差别不能太小，也不能太大

在企业管理的过程中，我们需要遵守一种平衡之道，任何事情都不要走极端，否则就不会得到好的结果。在薪酬体系上不要有什么随意性，任何关于员工薪酬的事情都不是小事，这些需要人力资源经理和管理者进行充分的沟通。

虽然我们在经营上也会说，做企业需要一种狠劲，只有偏执狂才能够生存，但这只是一种经营思想，真正的好企业还是一个温和的企业，能够有同理心，能够换视角去看待问题。一个不能考虑员工基本需求满足的企业，很容易成为负能量的总根源。

在企业薪酬的问题上，其实这是人力资源部门的事情，但是也是管理的核心环节，薪酬是维系企业员工利益关系的主要纽带，这个点把握不好，其实是留不住人的，企业不要空谈理想主义，最主要的还是要解决员工的生活问题，让员工不要为了生活而过分纠结。

在企业中，薪酬体系差别不能太小，也不能太大。企业给予员工的薪酬，实际上不是企业员工获得个人发展的事业路径，而是基于一种默契的约定，也就是员工的生活保障，所以我们看到很多的企业克扣员工的基本工资，这实际上就不是一个同舟共济的行为，对于一个缺乏竞争能力的员工来说，他们没有多少选择，但是对于那些具有市场竞争能力的员工来说，则可能会变成离心离德的事情。

每家公司的最高薪酬与其他高管平均薪酬的比值作为衡量高管薪酬

内部公平性的一个指标，境外企业内部公平性基本在 1.5~3，如微软 2.0, Facebook 2.4, 甲骨文 1.8; 从市场最佳实践来看，内部公平性较好。当然，部分企业高管薪酬内部差异较大，例如亚马逊达 9.3, 谷歌为 6.8, IBM 也有 3.9。

企业薪酬是一个比较完善的制度体系，企业在设计薪酬的时候，需要注意城市的生活水准，注意维护员工最起码的生活尊严。其实对于生存线上的员工来说，一般指的是蓝领工人，工作就是一种尊严。企业不仅仅是一个企业，最好的企业能够给员工一种荣耀感，薪酬是体现荣耀感的主要指标。我们经常说，现金流是企业的生命线，实际上，企业的现金流的用途之一就是保证员工薪酬的稳定性。一个企业对员工情绪挫伤比较厉害的事情就是拖延和克扣工资薪水。

财务体现同工同酬是管理学上的常识，这没什么不好理解的，博士生去扫地，他就应该拿清洁工的钱。企业在设计员工薪酬的时候，需要根据自己的岗位贡献来制定薪酬标准，而不是在不同的岗位间去寻求平均主义。对于产权清晰的企业来说，做到同工同酬不是什么难事。

其实，如果企业内部存在"二元"体制，那这真是企业的不幸和员工的不幸。薪资设计对于岗位的重要性和贡献度体现不出来，这样的企业和组织如果存在，一定是有金主的支持，如果失去了金主的支持，很快就会面临死亡的威胁。

在中国的事业单位和国有企业里，"编制""正式工"等名词还在使用，大量的企事业单位把员工分成"正式工"和"临时工"，且同工不同酬的现象已经引起社会越来越多的关注，许多专家称之为"体制内的红利"。

在烟草、石油、电力等垄断行业，员工的工资通常让人羡慕。以国家电网公司为例，电力公司员工有全民工、集体工、临时工三种，三类职工的待遇不一样，全民工和集体工除了享有福利和奖金外，还有绩效考核奖、购买公司的三产股等政策。做着同样的工，但拿到的薪酬却不及在职在编的一半，做的工比在编的多得多，发年终奖励只是在编人员的专利。比如计生奖励，在编的发 9000 元,每人，领导是这个数的 1.5 倍或更多，而真正做工的却什么也没有。冲锋在前的永远是合同工，拿好处的永远是在编的。

在一个组织内产生的"二元体制"，对于劳动者的积极性的挫伤是巨大的。这意味着在一个企业内产生了特权阶层和受剥削阶层，这样的企业不能称之为企业，这是反市场经济的行为，企业是在市场上去组织资源的，人力资源也是市场来主导的，如果企业不是按照市场经济的原则来设计企业架构，这个组织就不是企业。笔者认为，中国的国有企业其实不是企业，因为没有人对企业的员工和市场负责。

产权清晰的企业中，切忌产生这种欠缺公平的薪酬体制和人员歧视性的制度设计。在很多的国有企业中，体制内有编制的员工即使和临时工干着同样的工作，他们的收入差距可能在十倍以上，从全球的管理视角来看，这是一个最糟糕的企业组织设计，而背后的产权不明是最主要的原因。

作为企业领导者，不要让企业内部产生既得利益阶层，这是公平竞争的第一步，企业内只有一个考核标准，那就是对企业的贡献，即使这个人是老板的儿子，他也需要从基层做起，而薪酬也不要高于其他员工。

当然，同工同酬也是允许拉开差距的，拉开收入差距和同工同酬之间并不矛盾，一个生产线上可能有高级技工，他的收入水平比部门经理还高，这不奇怪。但是企业在设计薪酬的时候，也需要在薪水和他的徒弟差不多的基础上，给予和贡献相适应的岗位津贴。这样的薪酬体系实际上是有指向性的，也就是企业鼓励员工的自我成长，在平凡的岗位上作出不平凡的贡献。

二、平均主义挫伤"能者"的工作积极性

平均主义事实上只是一种社会理想，这个世界上从来就没有能够执行平均主义的组织，如果在社会实践中进行平均主义的操作，那么一定会成为乌托邦，最后以惨败告终。

平均主义其实就是一种山寨的思维模式，山寨思维就是我走正路竞争不过你们，那么我就走另外一条路来抢劫你们。例如，很多仿冒品其实就是对正品的抢劫行为。同样在企业内部，也出现了这样的情况，那些不具备竞争能力的员工总是想通过其他的手段获得额外的报酬。这是组织的一个正常现象，也是企业在做薪酬的时候需要把关的地方。

求平均分享一切社会财富的思想。平均主义产生的基础是小农经济和个体手工业。平均主义者企图用小型的分散的个体经济的标准来改造世界，幻想把整个社会经济都改造为整齐划一的平均的手工业和小农经济，进而要求消灭一切差别，在各方面实现绝对平均。

在企业中，基层的员工思维和企业的精英思维是不一样的，基层员工希望得到的东西和企业精英层想得到的东西是不一样的。现在在社会中有一种反智的倾向，平均主义实际上就是一种反智主义。

在现实经济生活中，平均主义与按劳分配原则迥然相背。它否认以劳动作为分配的根本尺度，否认劳动者在劳动复杂程度、劳动熟练程度、劳动强度、劳动技能、劳动态度和劳动成果等方面的差别，以及由此所产生的劳动报酬的差别。不承认精英的经济体是危险的。

企业虽然秉持工作不分贵贱，但是不是每个工作作出的贡献都是一样的？答案是：工作是有区别的，这种区别在于工作背后的拓展性。企业家的职业实际上就是创新，致力于资源的重新组合，创造新的市场价值，他们是市场中的领袖，他们在工作的时候，为了创新也要背负巨大的风险。

　　市场如果没有人去开拓边界的话，就会处于一种均衡状态，中国封建社会 2000 多年，社会经济就是处于一种均衡的状态，因为这个社会不允许有精英和企业家。对于经济休来说，追求经济的平衡状态是危险的，因为市场一旦固化，就是死水一潭。平均主义的结果就是死水一潭，中国人在漫长的历史中其实受害最深。

　　历史到底是精英大众开创的，还是精英开创的？事实上，任何组织都有领导者和被领导者，是精英和大众共同创造了历史，如果没有领导者，开创历史的机会就会失去，如果没有大众，即使精英能够开局，也不一定能够导向一个很好的结果。

　　经济学家熊彼特假定市场经常处于均衡状态，企业家的创新行为只是偶然地、间断地打破了市场的均衡状态，这一过程也是企业获取利润的过程。当企业家的创新行为被同行所模仿时，利润就消失了，市场又恢复了均衡状态。熊彼特认为，市场能够自动地实现均衡，这种自动的均衡化是完美无缺的，不均衡状态的短暂性与偶然性决定了企业利润的短暂性与偶然性。以均衡假定为基础，熊彼特刻画了一个超越于市场结构之外，同时也超越于企业组织结构之外而存在的企业家形象，是企业家能动的、偶然的创新行为推动了资本主义经济"飞跃式的发展"。

　　工作可以做到均等，但是开创机会的事情不是均等的。熊彼特还认为，充当一个企业家并不是一种职业，一般来说也不是一种持久的状况，所以企业家并不形成一个专门意义上讲的阶级。熊彼特说："一旦当他建立起他的企业以后，也就是当他安定下来经营这个企业，就像其他的人经营他们的企业一样的时候，他就失去了这种资格。"因此，一个人在其一生中很少能总是一个企业家，且企业家的职能本身是不能继承的。

　　显然，在企业中，具备企业家精神的人能够创造更大的价值，他们能够凭借自我认识创造更多的价值。这和被动的一般员工是不一样的，企业管理者必须尊重这种差异性，尊重杰出人才的创造性，这样的管理方式才是平衡的。在现实和未来之间，管理者必须充分发挥人的创造性，企业能够发展的最大的价值就在于此。

打破平均主义的管理解决方案是什么呢？ 德鲁克认为，必须根据员工的特性进行管理，在薪酬问题上，最好的借鉴就是演艺公司的薪酬体系。对于为企业创造出杰出贡献的人，他们在企业内凤毛麟角，理应得到和明星一样的薪酬水准，而不是参照一般员工的薪酬体系。只要他能够创造更大的价值，给他们明星一般的薪水又何妨？在国际一流的企业中，其实都是这样做的。

在企业内追求的平衡，实际上就是一种基于企业经营时空的动态平衡，不是死水一潭的平均主义。平均主义的危害在过去 100 年的社会实践中已经被充分证明。在任何的组织中，压制精英，提倡大众智慧高于精英的实践都不会成功，但是组织一定要是一个开放的体系，需要支持组织成员向组织精英的进阶式转变。精英来自大众，精英高于大众，这是知识的力量在起作用。当然，成为精英最起码的一点就是要有独立人格，能够面对自己内心的品德。

在知识经济时代，平均主义具有更大的危害，这是一种社会思潮，所以要高度警惕，企业发展需要向最前端看齐，然后淘汰落后的资源。平均主义严重挫伤了劳动者的生产积极性和力求上进的精神，涣散了劳动者队伍，腐蚀了劳动者的思想，不利于劳动者的团结。平均主义也助长了人们的懒惰思想，影响劳动生产率和经济效益的提高，不利于生产要素的合理配置，不利于提高社会生产力。因此，只有彻底清除平均主义倾向，才能真正贯彻和实现企业和组织的均衡管理。

三、快马多拉车，多拉车，多得利

在网络经济时代，经济发展的节奏已经从京剧般的咿咿呀呀过渡到快节奏的摇滚，驾驭一个企业的难度大大增加，这是目前企业经营的现实，很多"慢郎中"型的企业在经营实践中面临被市场宰割的命运。这不是大鱼吃小鱼的时代，而是快鱼吃慢鱼的时代。所以在现在的市场条件下，只有那些反应敏捷的企业才能够生存，而观察这些企业的时候，无一例外的事实是，这些企业均拥有杰出的管理者。

杰出人才现在在企业中已经完全处于一种核心的地位，在网络时代能够生存下来的企业越来越依赖于杰出的人才团队。也就是说，制造已经成为一种能力，而创造是建立在制造基础上的价值提升的过程。制造已经离不开创造，这是企业必须进行升级的原因，而企业的升级首先就是人才的升级。

人才升级的意义在于企业能够实现自己在价值链上的位置提升，甚至能够实现飞跃式的发展，靠企业本身的资源是无法获得这样的跃升的。所以，人才是经济转型升级的关键，对于企业如此，对于国家更是如此。经济的转型升级需要技术、设备、资本、市场和管理方式等转型，而其根本在于人才的转型升级。人才兴，转型成；人才衰，转型败。

据世界银行测算，投资于物质资本，其回报率为110%；投资于金融资本，其回报率为120%；投资于人才开发，其回报率为1500%。科学研究表明：随着科学技术向生产力的转化，体能、技能、智能对社会财富的贡献分别为1：10：100，即一个仅具有体能而无技能、智能者，与一个既有体能又有技能者对社会的贡献率的差距为10倍，与一个体能、技能、智能兼备者相比，对社会的贡献率则是100倍的差距。随着时代的发展变化，人才、智力在生产力构成中的作用是大不相同的，其重要性在不断升级：在农业经济时代是"加数效应"，在工业经济时代是"倍数效应"，在生态与知识经济时代是"指数效应"。

其实，企业在激励杰出人才方面需要有自己的一套模式，也只有一个杰出的企业才能够体验到人才的价值，现在企业还处于使用人—双手的状态，不能体验到高智能的真实价值。而且，在社会中还有一种蔑视高智能的倾向。在企业中，使用高智能人才，是一种权宜之计，而不是秉持一种可持续的高端人才的战略规划。因为在很多管理者看来，一个人需要几个身子十几人的薪水，一般的制造业企业不容易接受这样的人才使用策略。当然，这也不奇怪，人才向企业流动也不是平均的，那些杰出的企业往往拥有最强大的人才资源库。

对于杰出人才的激励机制要比我们认为的丰富得多，仅仅给钱和股份的激励也不能够完全让他们沉静下来，当然，对于杰出人才作出的贡献，企业管理者绝不能视而不见。其实，人才的内驱力被挫伤以后，这样的一个人也就留不住了。企业管理者给予杰出人才的东西，不仅仅有物质需要，更有精神领域的满足感。

在国际先进的企业中，往往给予一个人才足够的自由，然后将他们的积极性发挥出来，最好形成一个相互激励的杰出人才的团队，让他们成就知识领域的核聚变。高端人才的管理者不再是管理者，而是他们的支持者和服务者，以人才为核心的团队，需要一个专业人才和职业经理人的双面角色，而且他们沟通要顺畅，这样的话，也就能够让人才作出更大的贡献了。

第二节　重利之下，必有勇夫

一、支持、鼓励和保证企业内部有高收入者

在企业经营之中，谈利益是一个实际的环节。任何企业的本质都是赚钱分钱的游戏，因为组织的复杂性存在，才有了事业理想和一些抗竞争的策略，使人们觉得做企业要难得多。实际上，任何企业均不能脱离生意的本质，最终都是为了交换。没有了交换，企业也就失去了存在的价值。

利益还是企业营运的核心环节，在平衡管理过程中，将企业中的利益分成绝对利益和一般利益，尊重员工的绝对利益，将一般利益作为激励的工具和管理的工具，这本身就是一种利益的平衡。

从制度层面上来讲，利益是普遍的，任何一个社会、任何一个时间都需要利益的纽带和中性，而制度却是有差异性的，在不同的历史文化背景下会形成不同的制度环境。也正是这些不同的制度环境，产生了不同国家、地区的不同腐败形式和程度。

换成企业的话，保证员工的利益最大化其实是符合经济学基础理论的，放在实践当中更是没有问题，我们还没有发现一个企业不尊重员工利益，就能够做大做强的。因为这样的企业首先就违背了人性，违背人性的企业无视员工的需求，也就是更无视顾客的需求，这样的企业如果能够发展得好也是怪事。

在企业内，按照贡献的大小，存在一个高收入阶层是符合事实的，这就是一种企业文化的沉淀，收入利益的分配实际上就是企业内部价值的指示灯，那些正在成长的员工需要标杆，而高收入阶层正是创造了这

个标杆。

企业需要在尽可能的情况下，去满足员工的利益最大化。高薪酬不代表高成本，因为高薪水能够吸引更好的人才，一流的人才创造一流的价值，这就是一个良性循环。

在经济学上，经济学家呼吁企业尊重人的利益，利益是市场运作的基础，企业应该有制度来保障员工的利益，对于作出比较大的贡献的员工则需要高额的制度化的派红。只有这样，才能够激励员工去努力工作。这对于实现企业的利益当然有好处。

在大多数主流经济学家眼里，利益最大化的理性动机不仅是权利自由的基本保障，而且还是构建一个具有最大容忍尺度的制度底线标准。最大限度地让员工获得利益，能够使他们和企业团结得更紧密，能够拿到高额薪酬的员工都是企业的核心员工，核心员工的利益更应该得到尊重。中国人的管理学上讲，千军易得一将难求，也就是这个意思。核心员工的离散对于企业的打击其实是比较大的。

两个世纪之前，"经济学之父"亚当·斯密就已肯定了隐藏在自私自利这一人性背后的"看不见的手"的作用，认为正是人的自私自利本性才形成了一个有效、和谐的社会发展过程。尽管我们并不一定认同这一古典自由主义的偏激观点，但利益在现代社会发展中的确无所不在，而且每个人都有追逐利益的合法权利。按照公共选择学派创始人布坎南的宪政观点，社会正义必须保持在一个最大最小值的策略空间之内，合理的社会制度设计也就应该在理性经济人假设的最大值这一底线得到有效实施。在企业中需要明确的制度来保障员工的利益，不要随意在薪酬方面跟员工耍花样，那样其实是得不偿失的。

我们给予核心员工和杰出人才更多的薪酬，实际上这也是抗竞争的一种方式，高于同行的薪酬能够产生向心力，低于同行的薪酬实际上会引起猎头公司的骚扰。

但是，高额薪酬不是激励的全部，在高收入者之间也需要建立一种良性的机制，让精英人才之间也保持一定的相互差距，这样的平衡一定要小心驾驭。很多时候，企业翻船恰恰就是在这个点上没有把握好。

利益平衡是管理者永恒的话题，只是在谋求利益的同时，需要注意不要侵害别人的利益，要有一定的制度规则空间来实现。古人常云：生财有道。所谓"道"，就是要遵循一定的规则，即是此处我们所说的"制度"。

二、"低底薪，高提成"的薪资设计依据

对于企业来说，不同的部门会有不同的薪酬标准，薪酬不是随意定的，薪酬制度实际上是个开放的体系，都是在行业的薪酬水准比较基础上产生的。这也是一个常识，很多东西都是有参照系的，没有参照系就不能判断一个人贡献的大小，也不能判断一个人能够拿到的薪酬该是多少合适。

对于企业来说，员工的劳动效率实际上代表了一个企业的生产力水平，在杰出的团队中，所有的成员均能够达到一个比较高的贡献水准；而在一个一般的团队中，成员的水平则可能远远低于前者，这是因为双方企业虽然是同业，但是综合情况迥异。

"低底薪，高提成"的薪资设计现在在企业中使用得很普遍，在企业的营销部门和其他的一线部门用得比较多。**低底薪高提成，这是一个促使推销员成为销售精英的薪酬结构保障，至少在理论上是这样的**。我们知道，人力资源经理在设计薪酬的时候就通盘考虑了企业的情况，判断这样的模式适合不适合自己的企业。

低工资和高绩效（提成）一直是一种有争议的薪酬模式，对于很多在市场一线征战的销售人员来说，他们的工作稳定性其实一直不高，因为没有基础的生活保障，或者只是在从事一份工作，这和我们设想的专业化的营销还是有区别的，低工资＋高绩效可能只适合一些不需要专

业技能的一般消费品的营销，对于专业化的顾问式营销其实还是要细化解决问题。

人力成本不仅仅包括工资、绩效，低工资＋高绩效不是唯一有效降低人力成本的方法。首先我们分析一下低工资＋高绩效的构成，低工资就等于生活基本保障，高绩效就是能力体现，一个基本生活保障加能力体现看似很合理，其实这样的构成很不客观，人力成本应该不仅仅包含工资和人均绩效，还应包括薪酬成本、福利成本、绩效成本、招聘成本、培训成本、招聘失败成本、离职损失成本、HR 管理成本等。

设计企业薪酬的时候不能只考虑硬性的成本支出，也要考虑企业的综合成本。对于企业来说，任何一位员工在进入公司的时候，实际上都需要设定一个成长的阶梯，从员工的需要去考虑问题，目的就是将优秀的人留下来形成比较稳定的队伍。他们能够深层次的理解企业的产品和服务，而不是简单的从事销售工作。所以专家建议，在设定低工资和高绩效（提成）的薪酬模式的时候，需要在开始的时候选择高底薪低提成，因为任何工作开始阶段都是比较难的，有个高底薪，至少你不用担心基本的生活保障。一旦有了业绩，上了路子，就可以选择低底薪高提成，既富有挑战性，收入增加也快。

以美容行业为例，这是一种典型的顾问式营销的行业，大的美容连锁店客户稳定，基础设施完善，美容师的能力反而削弱，靠的是标准化流水线作业，这个时候低工资和高绩效是比较适合的。而对于中小美容院的初级阶段，或者一些开始发展壮大的连锁，采取低工资可能人都很难招聘，因为，这个时候顾客很少，这样就会出现很努力的员工在一年里拿很少的薪水，这样的企业，人员一定流失很快。其实，更换人员进入工作状态往往需要几个月的时间。

因为低工资不会吸引到高素质人才、综合人才加入美容企业，这样会导致美容行业人才缺乏，从事美容行业的基本技能不高。低工资＋高绩效会导致从业人员绞尽脑汁销售产品，形成强买强卖的恶性销售，造成美容院顾客担心害怕的心理。因为高绩效会导致美容从业人员筋疲力尽，每天都为业绩奔波劳累，思想压力大。低工资＋高绩效会导致行业内人力资源的大量流失和职业生涯的不稳定，使人才投靠于有稳定网络和销售渠道的大公司大企业，致使一些小型美业人员缺乏。

对于保持精英结构的企业，实际上最终的目标就是能够让员工拿到比同行高得多的报酬，这是企业管理者们都希望看到的，如果条件允许的话，很多的企业管理者都希望能够给出高于同行的报酬。低工资＋高绩效（提成）的好处就是激励员工发挥最大潜能；弊端就是加大招聘成本、培训成本、招聘失败成本、离职损失成本、HR 管理成本，会影响整个团队的创造力。现在在企业中，特别是在一些知识型的企业中，新的员工往往需要很长时间的专业训练才能够理解自己企业的产品，理解市场和顾客。如果销售人员都没有自己的顾客懂得多的话，就会产生不良的市场后果，给予企业不专业的坏印象。

所以在实际层面上，低工资＋高绩效在企业经营实践中不一定就比高工资高绩效来得成本更低。 低工资就是直接成本，高绩效就是机会成本，企业一旦采用了低工资＋高绩效的模式，就是为了获得利润，如果无法获得利润，那么就无法给员工高工资，势必会造成员工流动。高绩效既然是机会成本，是根据个人能力来决定的，是不确定的，采用这种方法，也是为了促使人员的自动淘汰，形成闲人待不住、能人更强的局面。经过时间沉淀以后，这当然有利于企业留下一个精英的销售队伍。

三、收入结构"哑铃模型"的意义

企业员工的收入结构是了解企业人力资源工作的主要考察数据。对于任何行业来说，收入结构实际上都是一个"哑铃模型"。一个就是员工在企业中获得的基本保障，另一个就是员工能够通过自己的努力获得的一份额外的绩效收入。

收入结构"哑铃模型"的意义在于既能够让员工有一定的收入保障，也能够令员工不懈怠，争取获得更好的个人业绩。哑铃的一端是企业对于员工的信任和支持，给予员工基本的生活保障；另一端则是激发员工潜能的地方，也是企业内同样的工作产生收入差距的地方。

"哑铃模型"中间还有一个很强的中间连接段，这个连接段是我们需要重点思考的，也就是说，收入结构的"哑铃模型"实际上是由三个部分组成的。

如果我们只看到绩效工资的激励作用，实际上也会带来很多的问题。唯物主义原理告诉我们，任何事情都是有两面性的，对于绩效工资的优点和缺点，还需要企业良好的把握才行。对于绩效工资的实施，首先需要企业拥有一套公平、合理、竞争力强的薪酬体系，但是企业怎样才能做到呢？答案也很简单，就是做好岗位价值评估和薪酬调查。根据企业的事实去做出更好的薪酬设计方案。

对于一些营销主导公司来说，绩效工资鼓励员工之间的竞争，破坏员工之间的信任和团队精神。员工之间会封锁信息，保守经验，甚至可能会争夺客户。对那些一定需要团队合作才能有好的产出的企业，这种方法就不适用。

现在很多企业需要同事间的精诚合作才能够完成事业，所以过分强调绩效，在激发创造力的同时也可能破坏团队的合作文化，因为同事们从事的事情不是同质化的同类工作，而是一种相互互补的关系，对于他们这样的团队，薪酬设计就需要顾及合作文化和个人的需求。

绩效工资鼓励员工追求高绩效。如果员工的绩效同企业的利益不一致，就可能发生个人绩效提高，组织绩效反而降低的情况，这时候这种方法就失去了价值。其实对于很多企业来说，现在将产品销售出去是容易的，但是回款等指标也是一个硬指标，有时候短期的表面绩效好了，不代表企业的整体业绩就能够上去。

过分追求绩效也会使员工可能为了追求高绩效而损害客户的利益。例如，保险公司的业务员，为了达成交易过度夸大保单价值。当被客户识破后，有可能会要求退保，同时，保户也会对保险公司产生不信任。

对于员工的基础工资和基本收入不需要做更多的赘述。因为这是员工就业的首要考量标准，"哑铃模型"实际上就是要平衡绩效工资和基础工资，在两者之间达成一个比较平衡的状态，让员工能够接受。管理者给予员工一定的压力，但是也不会让员工的心理失衡。

很多人以为绩效工资是能够产生精英和企业明星的地方。这其实是对企业管理的误解，企业是不需要明星员工的，如果一个企业在系统上做得很好的话，那么员工也许不需要费太大的劲就能够创造出很好的业绩。

企业的很多产品销售不好，便将责任推到了营销经理和营销人员身上，实际上营销不好的问题往往出在企业的战略管理层。没有不好的产品，只有不好的营销这样的观念是足够害人的，这实际上是企业管理层无能的表现，既然是不好的产品，你怎么能够指望有好的销售呢？

哑铃的中间连接实际上就是企业对于员工的支持力度。比如一个制药工厂，他们出产的药对于病人的病症有很好的疗效，那么这个药在市场上销售就会顺畅很多，借助好产品产生的势能，前端的销售人员才能够硬得起来。我们在企业里面看到的很多问题，实际上都是企业管理层的问题。如果药本身就不是好药，只是将一个普通的药换了一个名字，成分不变，疗效一般的药，想要员工短时间出绩效，那就只能靠走捷径了。

"哑铃模型"的真正意义在于中间的连接，绩效薪酬是和企业利益完全一致的，员工拿到的越多，企业得到的就更多，这是常识。但是这个绩效工资需要建立在系统平台的支持之上，没有一流的战略和技术能力去抗击竞争对手和超越竞争对手的能力，绩效工资多数情况下会成为画饼的游戏。因为员工拿不到那些钱。如果一个职业已经有 2~3 个人都连续失败了，这不是员工的问题，而是企业系统支持的问题。

第三节　敢于让所有员工的工资"面对面"

一、把薪金打造成工作的激励因素

实际上，薪金一直是一个敏感的话题。在人际关系中和同事关系中，薪金是保密的事情，很多时候只有少数管理层知道企业内部的所有人的薪金情况。实际上自己在企业里处于什么样的薪金水准，每个员工都是知道的。

薪酬的激励因素还是比较大的，虽然人们不便于明说，实际上薪酬就代表一个人为企业作出贡献的能力和水平。没有任何一种激励的东西能够和高额薪酬相比，因为这代表了自己的价值得到了外界的承认，这是一种自信。不管什么样的职场，都会带有一定名利场的性质，而其他的精神激励都在比较好的薪酬基础上才能够产生更好的效果。

激励是管理的核心，而薪酬激励又是企业激励中最重要的也是最有效的激励手段。薪酬激励的目的之一是有效的提高员工工作的积极性，在此基础上促进效率的提高，最终促进企业的发展。在企业赢利的同时，员工的能力也能得到很好的提升，实现自我价值。

企业在发展的过程中总是会遇到一些困难，在企业困难的时候如何保证核心团队的稳定就是一个问题。其实企业承受不起的就是核心管理层的离散。所以越困难的时候，越要保证核心员工的薪酬，因为这能够激励核心员工团队，是事业重新焕发生机的最大希望。

在薪酬有限的情况下，企业为了发展，不得不有重点地保留住重点员工和业务骨干。前几年，美国某一小型高科技公司在遇到业绩下滑后，在年度工资调整上采取了这样的策略：对高层员工采用高于市场平均值的增长率，对中层员工和业务骨干采用平均市场增长率，对一般员工则保持工资不变。他们的思路是：80%的业绩是由20%的精英完成的，少数骨干决定了公司的发展。对于一些新兴的高科技公司，或者实力不是很强的公司，这种方法尤其有效。

先增加利润还是先提高工资？专家建议选择"先提高工资"，如果其资金能够支持一个利润周期的话，配合科学的绩效管理，公司将会进入"高工资、高效率、高效益"的良性循环，用一流的人才成就一流的事业，这样公司和员工都会有一个加速度的发展。

经验告诉我们，对于一些小公司或者成长型的公司而言，想实现跨越式的发展，管理层能够做的唯一的事情就是寻找和留住一流的人才，组建优秀的人才团队。保证对于管理团队的薪水和足够的激励措施。

薪酬在满足员工低层次需要的同时，有助于员工追求高层次需要，且具有良好的激励效果。基本工资必须设定在足够高的水平，为满足员工的基本生活需要提供经济支持。过高的风险工资会阻碍员工满足自己低层次需要，因此激励作用有限。同时，也应注意薪酬对于员工高层次需要满足的意义。

最好的激励就是能够将员工的自信心激发出来，因为自信心对于员工的成长来说，是非常重要的，它是激发员工主动性的内在因素。所以企业给予员工的薪酬激励一定要及时快速的让他们感觉到，企业管理层知道每一个员工的内心感受，就会鼓励员工，这样员工努力的路径也就清晰了。

适当缩短常规奖励的时间间隔、保持激励的及时性，有助于取得最佳激励效果。频繁的小规模的奖励会比大规模的奖励更为有效。减少常规定期的奖励，增加不定期的奖励，让员工有更多意外的惊喜，也能增强激励效果。

企业在制定薪酬激励策略时要注意：绩效评价必须与期望的绩效目标紧密衔接，基于绩效的回报一定要紧随已产生的绩效。绩效目标要富有挑战性并且详细具体，奖励金额要与达成目标的难易程度相匹配。企业要重视薪酬体系的公平性。员工对内在外在薪酬价值的主观评价和对产生分配结果的过程的主观评价对激励效果起着非常重要的影响。

科学有效的激励机制能够让员工发挥出最佳的潜能，为企业创造更大的价值。激励的方法很多，但是薪酬可以说是一种最重要的、最易运用的方法，它是企业对员工的回报和答谢，以奖励员工对企业所付出的努力、时间、学识、技能、经验和创造，是企业对员工所作贡献的承认。

一个好的企业实际上就是一所好的学校，而这所学校所能够产生的最大的价值就是培养人才。高薪酬能够激发一个人内心的自信，提高内驱动的能力，最终实现自我管理，成为一个做得超越于企业要求的人。而成功的企业实际上必须有一个超越期望值的人才团队。这是成功企业的特征。知识型员工的自信心和进取心被激发出来，就能够创造更大的业绩。企业实现跨越式的发展，还是靠知识创造奇迹，重赏之下必有勇夫。

二、让待遇福利产生"悬河效应"，产生激情和势能

如果一个组织中员工的工作热情不高、比较懒散，想加大激励力度，可以采用高弹性的薪酬模式，即加大浮动工资、奖金、佣金的构成比例，缩小刚性成分。相反，如果是一个因品牌弱小导致招聘困难的新兴公司，可以采用高稳定的薪酬模式，增加薪酬中的固定成分，让员工有安全感。

对于一个想获得大发展的小企业而言，小公司高薪酬是一个比较好的薪酬体系。因为现在小企业和大企业处于同台竞争的环境，如果没有

优厚的条件是吸引不了人才的，所以人们常说现在创业艰难，其艰难的原因就是不管什么人在什么时候创业，都会遇到最强对手的有力夹击。

从来没有一个时代像今天这样，企业员工的薪酬问题会变得如此复杂。一方面是企业对精英人才渴求强烈，要求企业必须建立具有吸引力的薪酬激励机制；另一方面则是不断投票反对薪酬方案的股东，表现为资方的巨大压力。如何在二者之间实现平衡，正考验着企业管理者的智慧。

受制于人才市场充分而激烈的竞争，公司很可能为高级管理者提供高薪，但高薪不代表必然不合理，问题的关键在于这些高薪是否充分反映了高管所承担的职责以及公司的真实业绩。

现在很多企业的薪酬体系设计得并不是很合理，有时候企业亏损得很厉害，但是高管却依然能够拿到钱，过着比较舒服的日子，这其实就是一种薪酬体系的失察。**让待遇福利产生"悬河效应"，产生激情和势能，这是企业平衡管理中的一个重要的方向。所谓"悬河效应"，我们觉得需要在企业内部建立一个水闸，水闸什么时候放水，需要和企业短期、中期和长期的绩效进行平衡，这种平衡能够引导管理者管理好企业，能够跟企业之间形成命运共同体的关系，而不仅仅是一个拿高薪酬的地方。**

不科学的薪酬体系，从某种程度来讲，割裂了薪酬支付与公司业绩的联系。薪酬决策机制在所有因素中对高管薪酬有效性的影响是最直接的，境外企业在高管薪酬决策中虽然或多或少也存在一些问题，但其科学的评估方法和多方的参与制衡，依然值得境内企业借鉴。

就薪酬水平的复杂度而言，境外金融企业在所有行业中一直居于领先地位，其面临的问题也极具全球性和代表性。因而，以境外金融公司为代表的全球领先企业在薪酬决策、结构设计、股权激励、信息披露等方面的新智慧、新思路和新实践，尤其值得中国公司借鉴。中国公司特别是国有企业，在薪酬管理和权力构成中面临着巨大的问题。

中国某保险公司就在企业全面亏损的情况下，高管依然拿着几千万元的薪酬，这样的薪酬体系不能说是失败，但至少对于股东来说是不公平的。

以瑞士银行（UBS）为例，这家企业每年高管薪酬设计伊始，都会由独立薪酬咨询顾问从公司规模、产品与业务范围、地域范围、总部位置、人才竞争、人员及薪酬战略六个维度严格筛选对标公司，对其薪酬水平与结构进行详尽分析，使之能够为薪酬委员会提供翔实全面的数据来支持其作出合理的决策。除了薪酬数据，薪酬顾问还会随时与薪酬委员会分享高管薪酬的一些新趋势、新做法，使之拓宽视野，提高薪酬方案的有效性。

高管薪酬主要分为两个部分，即固定薪酬和奖金。其中，40%的奖金为现金支付，按照"60%：20%：20%"的比例分3年递延发放；60%的奖金为股权支付，分别通过"业绩股票单位计划"和"高管持股计划"在3年和5年后逐步归属。从长远来看，股权支付使高管手中持有的大量股票能够伴随公司未来业绩变化不断波动，而递延支付则为未来薪酬兑现时公司根据业绩对其进行调增或扣减预留了空间，从而共同确保薪酬与真实业绩的长期关联。

除此之外，一直普遍存在但少见实施的"薪酬追回条款"在瑞银也得到了较早执行——2011年由于赢利未达到预定标准，投资银行的CEO不得不返还50%的高管持股计划下的股票奖励。薪酬追回机制在2012年被更多企业执行，6月，摩根士丹利表示，为了对巨亏负责，部分高管的薪酬将被追回；德意志银行更是专门成立了"递延薪酬追回小组"，确保薪酬追回条款能够切实实施。

企业高管实际上需要和企业形成一个命运共同体的角色，对于一个随时会撤退的高管来说，他会将企业的利益放在自己私人的利益之后，如果整个企业的人员都是这样想的，那么这个企业就变成了没有主人的企业，这在管理学上是一个大的忌讳。

企业在薪酬管理上最好要设立一个水闸，这个水闸其实是非常科学的，这是很好的结果导向设计。对于高管来说，收入的一部分就在企业当中，但是他要套现的话，就需要在未来 3~5 年内，企业的运营状况依然良好，这就可以逼着这些高管开始去思考企业的未来，为企业的未来多做布局。这样的薪酬体系能够体现出企业的管理思想。

目前境外许多企业，如汇丰、高盛等均对其高管实行最低持股要求（Minimum Share Ownership Requirements），即高管必须将已经归属的股票在相当长的时间内保留在手中，同时严格禁止通过对冲或衍生品交易来规避对股权激励变现的限制，通过高管长期持有股票来鼓励他们为股东增值。

命运共同体的概念需要进一步的深入人心，因为企业的生命实际上就把握在管理团队的手中，他们如何去分配企业的资源，对于企业的未来发展影响巨大。

现在很多的互联网公司实际上都在制造这样的水闸，实现企业高管和企业根本利益的捆绑，许多诸如 Facebook 的企业，本身就是轻资产运营，又处于快速发展时期，现金流相对紧张，为了吸引和保留人才，企业不得不向高管支付大量价值不菲的股权；还有，出于人才挽留的考虑，像苹果支付给其 CEO 库克的 3.78 亿美元薪酬中便有价值 3.76 亿美元的限制性股票单位，作为库克新任 CEO 的晋升和留任奖励，这些股票需要在 10 年后（2023 年）方可完全解锁；同前述的金融企业一样，大量的股权支付为高管手中持有的股票能够随着公司未来业绩变化而波动预留空间，使高管薪酬与公司业绩紧密挂钩。

对于一流的企业来说，他们希望自己的高管拿到更多的钱。但是公司不是所有时候都运营良好，这也是市场的现实，金融危机来了，有时候是宏观环境的问题，不是企业高管无能的问题，碰到这样的问题怎么办？企业还需要在期权之外，多考虑给予高管适当的回报。许多企业慢慢步入成熟期，公司股价很难再会像以往那样出现短期内的快速增长，股票期权能够为高管们带来的收益着实有限。为了更好地吸引与留住公司高管，并将其与股东利益进行更紧密的捆绑，很多企业的股权激励制度从以期权为主导逐渐向多样化转变。更多的企业则是采取复合型的激励工具，通过"一揽子"福利工具实现企业利益和高管利益的平衡。

第五章

控制与有效释权

控制与释权中进行"收"与"放"的平衡管理。

第一节　既要控制，也要适度授权

一、过度"民主化"的管理效率低下

列宁说："保持领导不是靠权力，而是靠威信、毅力、丰富的经验、多方面的工作和卓越的才能。"这强调的就是非权力性的影响力，它是构成领导者威信的核心。

企业领导者需要一种职业上的威信，而不是一种权力上的威权。职业上的威信，实际上就是能够对自己做出的任何事情负责，而不是推卸掉自己的责任。作为优秀的管理者，成功的时候，要把成功归结于大家的努力；失败的时候，要敢于把责任揽在自己的身上。当管理者和领导者有这种境界和作为的时候，你的核心团队就会不离不弃，你的每一位普通职员都可以为企业浴血奋战。企业领导者的垂范能力一直是一个带领企业前进的核心环节。

企业能够控制的东西是什么？这是我们需要思考的问题，实际上只有两个维度：一个就是充分发挥人的能力，让员工做最好的自己；另一个就是要将员工的个人能力和企业营运的结果联系起来。有能力的人也需要一个发挥能力的平台，企业所能够提供的，大体也就是这样的平台。

这样考量下来，对于企业该控制什么样的资源也就清楚了。实际上员工的管理需要一定的自由空间，也就是跟企业绩效无关的事情需要尽量要少，形式主义的管理模式最好不需要。给予员工自由的目的，就是为企业创造更好的绩效，而不是为了自由而自由，为了民主化而民主化，企业的目标始终是明确的，管理就是要创造更高的绩效。

现在在企业中存在一种过度民主化的倾向，企业治理的民主性其实是要分情境的，不是什么企业都能够下放权力实现民主化治理的。一管就死的问题值得商榷，一放就乱的事情则是很现实的问题。

在民主化的企业中，实际上每一个员工都是企业的"公民"，公民的意思实际上是能够自我管理的现代人，权益和责任之间需要一个平衡，公民社会是一个生生不息的社会，很多新的事情能够自发自觉的生长。同样，在企业中，同样会有"臣民社会"和"公民社会"的分别，企业的治理水平也是社会发展水平的一个缩影，没有一个企业能够脱离社会实际去寻找自己独特的治理模式。

对于一个发展水平不高的社会来说，员工的素质实际上是一个根本的问题，如果员工达不到自我管理的水准，企业的管理者进行民主化治理的时候，得到的只有混乱。但是对于那些能够自我管理的企业来说，如果还进行管制式的管理体制，则极大地压抑了企业员工的创造性，这对于企业发展是十分不利的。

企业治理民主化的问题到这里也就转化了，民主化成为一个资格的问题，而不是一个选择的问题，很多企业其实是没有能力去实现民主化的，因为这跟企业员工的素质，以及企业管理文化的因素密切相关，这些因素决定了企业不能执行民主化的治理模式。

民主化的企业和管制化的企业实际上具有不同的管理基因，他们的经营哲学其实都有很多的区别，我们提倡民主化治理，但是不是所有的企业都合适。

民主化的企业治理实际上是生命型的企业，生命型企业是不需要"管理"的，正如人体的细胞并不需要其他细胞来"管理"一样，生命型企业的员工也不需要其他员工来管理，他们自己可以管理好自己。生命型企业采用的"管理"，是没有管理的管理，是自主管理，是心的管理。越自由越创造就是这些企业的经营价值观，价值观在每一个员工的心中，而不是外界强加给他们的。

　　海尔的民主化治理实际上做得比较成功，很多时候我们可以看到它的民主和控制之间实际上是一个平衡的管理机制。从策略层面来讲，**自主管理讲的是响应策略，控制讲的是集成策略**。成功的企业不是单方面而是从两方面求得解决问题的方法，我们看到要想实现两者的平衡是有一定的挑战的，自我管理实际上就是每个人的工作都需要精密有序的协同，对于大型的制造业企业来说，进行民主化治理的尝试实际上就是一次公民社会的尝试，从社会学意义上来说，也是非常有价值的事情。

　　海尔推出了自主经营体的模式，实际上就是一种联邦式的授权治理结构，这个结构逐层细化，直到细化到个人，这不是一种控制型的管理结构，而是一种基于客户响应的扁平化的管理结构。海尔之所以这样治理，是因为所有的组织面临的一种挑战也就是如何平衡自主管理和控制。他们必须要考虑到在过程当中如何调整自主管理、调整层级结构、控制策略等。

　　海尔自主经营体，和过去传统的价值链是不一样的，它并不是完全以利润为中心，这是一个价值主体的自创，这个自主经营体在一个小的集团内建立起一个非常强大的支持体系，他们的主要目标是满足客户需求，创造价值。驱动这个组织的是一个自下而上的活动，这就是员工创造价值的地方，这就是自主经营体一种特殊的经营模式。

　　海尔也有自己的损益表，最上面的是收入，收入和销售量是挂钩的，这些都是由自主经营体演化而来的，为了做好预算必须要做未来的经营计划，同时还有库存预算，要少于七天的计算，如果库存过长会造成损失。不管怎么样，都是为了减少成本。

　　新的基层管理者必须对自己的目标做出正确的估算。如果某个人有一个良好的路子，他可以有一个很好的计划，他可以获得更好的目标，这样他有可能当组长。这是组长推翻机制，他们要做的并不只是创造市场，让大家完全对自主经营体着魔，而是以目标为中心为所有人创造一种机遇，把他们的自主性激发出来，正是这种组织结构，我们称之为自主经营，所以我认为这是自主经营和控制的一种平衡。

海尔这样的制造业企业的管理转型还在实施当中，这样的管理转型有着样本的意义，对于在网络时代条件下，中国大型制造业企业的未来具有探索的意义，所以海尔的管理变革值得经济学家和管理学者们进一步的跟踪学习。或许这将是中国大型企业最好的管理模式之一。

二、集权式管理的弊端和误区

人类的治理模式是从民主化的模式开始的，然后逐步形成了金字塔式的专制型的治理结构，集权式的管理模式在生产力水平不高的时候有着自己的作用，生产力决定了生产关系，经济基础决定上层建筑，这些观点不一定完全正确，但是还是有一定的参考价值的。

企业和组织的知识集中在少数人手里，所以企业自然而然就成为一个集权式的组织。信息沟通模式的改变实际上意味着企业内的大部分人都掌握了企业经营必需的知识，这样，集权式的管理机构就不再适应企业发展环境了。

集权式管理代表个人智慧和能力的组织管理形式，而扁平式的管理模式则是发挥群智的组织管理形式。如果追求管理平衡的话，则需要尊重企业之间的差异性，集权式管理在传统的劳动密集型的企业中还会继续存在，从事简单劳动的劳动者很难执行扁平式的管理模式，这是由企业本身在产业链上的水准决定的。权力集中能够进行更好的标准化协同，集权式领导者的优势在于，通过完全的行政命令，管理的组织成本在其他条件不变的情况下，要低于在组织边界以外的交易成本。这对于组织在发展初期和组织面临复杂突变的变量下，是有益的。

企业和企业是有区别的，有些企业是参天大树，而有些企业只是大树底下的灌木，二者的生存方式有着很大的不同。所以我们说集权式的管理方式也有它的适用之处，只不过随着社会生产力的发展，这样的运营模式会逐步成为一个相对落后的管理形态。无技能无谈判条件的基层劳动者变成少数，集权式的管理模式很难适应瞬息万变的市场，企业的管理者看上去是一个专权者，其实这是一个错觉，顾客才是企业外部的王者，集权意味着垄断，但是从产业链的角度来看，企业内的专权开始变得封闭可笑。

集权式领导者长期将下属视为某种可控制的工具，则不利于他们职业生涯的良性发展。从现代管理学的角度来说，集权式的管理目标实际上立足于强势的协同效应，比较适合运动式的协同和任务型的协同。比如传统型的战争形态就比较适合专权式的组织形态。

集权式领导者，就是把管理的制度权力相对牢固地进行控制的领导者，主要决策由个人决定的领导者，所以又称独裁者。由于管理的制度权力是由多种权力的细则构成的，如奖励权、强制权、收益的再分配权等，这就意味着对被领导者或下属而言，受控制的力度较大。

集权式的领导者实际上会把企业带到一种相对封闭的境地，从组织行为学上来说，集权式的组织是对个人负责的一个体系，这样的体系局限性很大，在整个组织内部，资源的流动及其效率主要取决于集权领导者对管理制度的理解和运用，同时，个人专长权和影响力是其行使上述制度权力成功与否的重要基础。这种领导者把权力的获取和利用看成是自我人生价值的实现。

追求自我价值实现的专权式的领导者往往是偏激的，很多专权式的组织确实也是一个偏激的组织。集权式的领导者不仅需要组织成员事务层面的臣服，而且还需要组织成员精神层面的臣服。这样的组织还带有浓厚的封建色彩，对于一流人才是没有吸引力的，专权式的组织生存的空间只会越来越小。

随着中国社会经济的发展，新一代的年轻人和老一辈的人之间有着很大的不同，即使在传统的制造业企业中，管理模式也在发生变革，实行一种集权但是尊重个人行为的管理方式是很普遍的事情。"集权式"向"教练式"转变是一个趋势。

社会大众价值观的转变迟早会带动社会治理模式的改变，这是中国的外部环境正在发生的变革，人力资源是当前企业面临的最大管理挑战，而80后、90后逐渐成为企业人力资源主体，正在加速大量企业领导方式的转变。

《世界经理人》针对1045名中国企业经理人所作的调查显示，人力资源是当前经理人公认的最大的管理挑战，且近十年来，人力资源领域挑战不断演变。当前，众多企业人力资源战略性任务转为提高员工士气、打造全球化人才，其中，如何管理新一代员工，比如80后、90后员工，成为管理层最关注的问题。

中国年青一代更加注重自己的价值观，他们在选择工作的时候，首先会选择自己擅长和喜欢的，他们注重自己内心的自由的感觉，这种精神层面的新需求和上一代普通的劳动者不太一样。80后、90后逐渐成为企业人力资源的主体，这将加速集权式领导方式的转变。这些年轻一代既是生产者，也是消费者，企业外部经营环境将发生大的改变，中国企业特别是管理落后的中小企业更加需要加速转变管理方式。

年青一代员工有更强的自主意识，在物质回报之外更多的追求成就感和尊重感，企业领导者不是高高在上的发号施令者，相对于集权式领导方式，教练式领导越来越受到企业的青睐。因为，教练式领导更加柔和。这种柔和产生的原因在于员工心理的变化。随着年青一代文化和受教育程度的提高，使得员工越来越有自己的想法，并且自尊心更强，过于刚性的管理风格必然会导致与员工爆发无穷冲突，因此，柔性管理方式会更有效。

海尔集团总裁张瑞敏在接受媒体采访时就说："第三次工业革命带来了社会结构的变化，整个社会变为网状，过去自上而下的集权式管理恐怕不行。"集权式的管理方式转变成柔性的管理方式实际上就是一种集权式的管理模式向扁平化管理模式的过渡。这其实也是一种管理方式的平衡。

在企业中，现在的年轻一辈都希望自己成为有专长的人，他们的目标也就是成为一个专家和专业人士，这种个人诉求的改变也在改变着企业的管理。集权式的管理模式之所以落伍，原因就在于企业领导层不了解员工内心的诉求。集权式的领导风格不会消失，这种管理模式还在一定的空间内存在，向很多生产力水平比较低的国家和地区转移，比如越南、朝鲜、孟加拉等国家和地区。

一个国家的管理水平实际上就代表了这个国家的经济竞争能力，所以，中国的企业管理水平需要提高，企业需要成为智慧型的企业，人要变成智慧型的人。

三、吝啬于授权的管理者的心理分析

在组织中，权力要么集中在领导者的手中，要么就被授权给组织中的其他成员，不管采用哪种方式，实际上背后都是人为的因素，什么样的领导者，造就什么样的组织。管理本来就有一层控制的表述，管理的本质也就是按照某种意志进行团队协同。不管什么样的组织，都需要有控局者，只是控局者的方式不同罢了。

吝啬于授权的管理者一般都是对权力比较眷恋的人，是一个专权的领导者。所谓专权型领导，是指领导者个人决定一切，分派下属执行，即靠权力和命令让员工服从。这种领导者要求下属绝对服从，并认为作决策是自己一个人的事情。

专权型领导适于任务简单且经常重复或者出现问题要求尽快解决的

情况。刚愎自用的人格特征是有的，有人开玩笑说，领导者如果刚愎自用的话，前提是才高八斗。对于很多企业的管理者来说，可能都有一些刚愎自用的性格，这是一种过度自信的人格特征。

一个人对于自己企业内其他人的不信任，是有很多原因的。凡是组织，就会有斗争，即使是杰克·韦尔奇也承认，在管理通用的过程中，在企业高层中无所不在的人与人之间的斗争，这种斗争获得的权益，实际上就是斗争的动力。对于能够爬到专权的高位的人，必定是有着超人的控制力的人，每个人都有自己的不幸，一个成功的人均应当会控制自己的情绪和心理影响。一个领导者在权斗的过程当中也将权斗的心理植入了自己的内心。

企业领导者专权的行为，实际上会成为一种企业文化，企业创始人身上的一些东西会在企业文化中沉淀下来，对于企业团队的行为产生影响，一个人格扭曲的领导者可能会带出一个人格扭曲的组织。创始人在企业中创立的体制后人很难改变。企业人格实现跃升是极其困难的事情。一个人际关系紧张，专权的组织很难转型为一个信任感十足，进行科学授权的组织。在历史上，这些组织多数都是被淘汰，而不是通过自己脱胎换骨变成新的组织。

我们的社会也确实存在通过学习和自身修养的提高而脱离凡尘达到较高的境界的，更主要的是历史唯物主义让我们知道这个历史不是个人所能够创造的，所以这里笔者认为要摒弃个人主义的分析，更多地从体制上找问题。

专权的方式放到社会中就变成了专制主义，专制的人格实际上很大一部分都是社会和组织给的，员工和组织成员在组织中所接受的教育，所见到的世面，均是组织之外的人所不能比拟的，且脱颖而出，必定有过人之处。这个过人之处实际上就是斗争的高手，这些领导者走过的地方，权力就会被他卷走。

所以，企业的创始人在创业的时候就要给自己的团队注入民主和发展个人智慧的种子。改革开放三十多年来，很多企业家建立的企业，实际上是一个封建的"土围子"，他们自己的行为就没有限制，从不考虑给后世继任者留下什么，只要满足自己的欲望就可以了，也没有考虑团队成员需要自己负责任，人伦的基本责任是缺失的，因此绝大部分专权的领导者均是穷奢极欲的。

各啬于授权的管理者都知道权力是一个好东西，至少能够得到周围人的表面臣服，他们依赖于别人臣服于他的感觉，权力是让人上瘾的东西，不受限制的权力更会导致企业领导者的人格扭曲。对于企业主而言，他们必须学会自律，让自己远离奉承者和马屁精，任何时候都要严控思想的堕落。困苦可能让你警醒，温室则可能让你软化，温室比困苦更能让人沉沦。

企业是靠市场讨生活的，企业内的皇帝在顾客眼里其实算不了什么，除非他们能够提供更好的产品和服务。所以，**明智的企业领导者一定要开门办企业**。

专权组织的价值评价是极其低层次和不道德的，因为那些领导者都认为成员是伺候人的，对于组织成员的要求是满足领导者（主人）的意愿而不是自己创造，组织成员的晋升也是依靠服侍人服侍得好，依靠揣摩和溜须拍马，依靠裙带关系和利益交流，依靠献媚、谎言和排斥异己，而不是依靠自身的才干和业绩，在这样的体系下，一定是把人性最黑暗的方面展现出来，为了达到目的不择手段，没有任何的道德底线。

那些专权的管理者和领导者其实都是体制的产物，体制的威力来自其评价体系。一个群体的水平的高低，关键在于其价值评价体系，因为群体的每一个成员均遵从这样的评价体系，谋求在群体中的地位，低层次低道德的评价体系，产生的群体的代表人物一定是恶劣的。

组织中的专权，本身的专权者就是在特有的评价体系中产生的，领导者专权后又把特色系统的恶劣的评价体系推广到组织中的每一个人，政治组织会将这种恶劣的评价体系向整个官僚体系和全社会传播。

企业专权的环境如何改变？实际上只需改变人的价值观，改变评价体系。而我们今天要争取光明的未来，也要从评价体系上做文章，让真正的好人能人成为领袖，从政治上到学术上都需要如此，而不仅仅在企业中这样做。

第二节　牵住手中的线，让风筝飞得越高越好

一、授权"授"的是一定的范围和限度

很多企业家都说，企业小的时候自己能够应付，可以一边做事业，一边兼顾好生活，但是等到企业做大了以后，自己的生活质量却直线下降，自己成了企业内部最忙碌的人，这其实都是授权不充分造成的。就总体的统计数字，大部分企业的经营困难不是因为充分的授权，而是因为授权不足造成的。

对于小微企业来说，基本没有授权一说，企业所有的管理权都集中在创办人身上，什么事都要事必躬亲。所谓事必躬亲，就是对什么事情都放心不下，非要自己插上一手才安心。不论大事小事，总是想自己一手操办。

应该这么说，小微企业占据企业总体的绝大多数，解决了主要人口的就业问题，这些小老板通过自己的努力，维系着企业的生存和发展，这样的事必躬亲是有积极意义的，很多百年的街边小店就是这样走过来的。

对于一个大型企业来说，企业管理层必须将权力授出去，没有权力就没有责任，这是管理学的常识，凡事都要亲自过问，一个是做不好事情，一个是耽误了很多企业发展的机会。

事必躬亲的老板，表面上看是老板，但实际上可能是秘书、经理、文员、外勤、公关、清洁工、保姆——只有你想不到的，没有他做不到的。公司内事无巨细，都在他的工作范围之内。

你在搞策划方案，他会说你的方案不行，会提出自己"独到"的

见解；你在写文案，他会说你的文采不行，要亲自写两段给你示范；你在和客户联系，他会和你一起与客户商谈；不管下属在哪个角落里做什么事情，他总会悄无声息的出现在你背后，然后接过你手中的工作，让你手足无措。有时候，事必躬亲的老板很是让人想不通：既然事无巨细，什么都想自己来办，他还招那么多下属干吗？

事必躬亲的老板，没办法不累。他们常常是打算到办公室办一件事，结果半路上就被人拦住谈另一件事；好不容易来到办公室，又有一大帮人等在那里，这里还没谈完，那边电话又不断，手上待批文件一大堆，外边还有来客等着接待。日复一日，总是忙于这样那样的事务，计划中的事却无法完成。

实际上，管理者从来就不是做事的人，这和我们的常识是不一样的，企业的本质就是通过专业的人才集合，然后通过专业的分工去做事的，如果不分工，企业就没有成立的意义了，所以有企业就一定有授权。只要是合作体系的事情，都必须进行授权。

一个制度健全的公司，一个有强大生命力的集体，不会因一个人的倒下而影响正常的运转。在企业中，领导者实际上需要专注于机会，当下的事情都由专业的人去完成。在一艘船上，船长是不会去锅炉间填煤的。船长的工作实际上就是对船的整体航行状况有一个全面的了解，还有，他需要在驾驶室用望远镜不断地观察远方，不让自己的船触礁，同时心中要牢记自己的目的地，调整航向才是领导者的工作。其他的工作都需要更专业的人去完成。

对于授权这样的工作，实际上也是非常专业化的工作，在授权的平衡方面对人的要求很高，企业内的分工必须有序，在前文中我们已经说明过，企业内的职位权力必须得到平衡，我们需要思考授权"授"的是一定的范围和限度。这样的限度就是专业的人做专业的事情。将管理权授予不称职的人或者不专业的人都是不对的。

企业的本质实际上经营的是知识，也就是企业中最专业的那个人去做他最擅长的事情，这是授权的原则。企业的领导者的职责就是把握企业运营的方向，这样的分工理应是最科学的，别人代替不了，如果在企业中有一个人能够作出比领导者更好的决定，那么这个人就是新的自然形成的领导者，企业是以结果论输赢的，让最专业的人放开手去做事就是授权的度，把握好这个度，领导者就该回到自己的岗位，继续作为一个船长，拿着望远镜看着远方，拿着导航仪为企业之船找到正确的航向。这样的船长，不至于忙得完全失去自己，连喝一杯咖啡的时间都没有。创业本来就是要过自己想要的生活，如果在做事的过程中完全迷失了自我，那就得不偿失了。

二、掌控住"放出去"和"收回来"的权力

对于企业的管理者或者是领导者，需要将自己的授权行为变成企业内部调配人力资源的工具，权力是实现企业目标的工具，而不是其他的东西。有时候最简单的思维反而能够发现事情的本质。所以，权力不为任何人私有，它是公共的工具，任何将权力据为己有的行为在组织中都是不允许的。

大卫·休谟有一句名言，我们需要的制度是即使流氓当政，他也得为人民利益服务。那些依靠明君圣主的制度确实有巨大的风险和不确定性。大卫·休谟的制度假设倘若换一个角度，不是针对当权者，而是针对下层的被统治者、被管理者，就是企业管理制度的设计问题。

在企业或者其他的组织中，有些人不真诚，这也是事实，企业的制度设计也是一样，需要将坏人变成好人，坏的制度能够将一个真诚的人变成一个坏人。我们知道，**作为企业的领导者，一定要诚实，诚实的管理学意义就是能够按照事实来作决策，而不是根据自己的喜好来作决策。**

如果依据企业经营的真实情况来作决策的话，权力的运营就没有任

何大的问题，权力授予和收回就成了一个自然的事情，而不是情面等复杂的人际因素。如果一个领导者真的做到了诚实，他也就能够面对企业内部的权力配置的问题。

制度化很重要，这是一个基于人性本恶的思考，《西方经济学》中，其基本假设就是人性是自私的。性恶假设的好处就是它的防范性特别强，制度设计防止了偷懒、钻营，降低了对员工的期望值，制度更加可靠。现代企业，通过流水线、计件制到职位设计、员工考核等方式规范了工作，是战胜人性弱点有效的方法。这些方法在绝大多数领域的企业取得了成功，提升了效率，使企业变得有序，漏洞更少。

制度化不仅仅是针对组织的一般成员，最主要的就是针对领导者，很多人被放到高层领导者的位置上以后，组织就再也没有约束他的机制了，个人绑架了组织的事情其实还是很多的。所以，在体制上，如何压制最高的领导者才是组织体制的核心，能够给组织带来最大损害的人不是基层和中层的管理者，而是最高的领导者。公司必须有制衡的机制，这就是一个管理的平衡问题。

人格低下的人一旦走上最高的领导岗位，就会露出独断专行的本性，从不考虑别人意见，所有的决策都由自己决定。下级没有任何参与决策的机会，而只能察言观色，奉命行事。有人统计具有专制作风的领导者与别人谈话时，大约有60%的内容是采取命令和指示的口吻。领导者事先安排一切工作的程序和方法，下级只能服从。

没有约束的权力实际上会害死组织和企业，下属失去了独立思考的能力，变得依赖性大，容易压制下属的创造性。权力放出去和收得回的问题，实际上就要求最高管理权力放出去还能收得回的问题。这回到了企业的产权本身。模糊的产权会造成无主的财产，无主的财产造就的只有混乱。无恒产则无恒心，没有负责到底的精神是无法做好企业的。

中国历史上唐太宗比秦始皇更伟大，因为前者是基于性善治理国家的，后者则是通过严刑峻法实现富国强兵的。即便我们去掉意识形态和

个人偏好，也必须承认前者的难度远比后者要大。当下的中国作为制造
大国，中国企业是以体力劳动为主体劳动的国度，在整个管理体系上是
泰勒制的升级和修正版本，企业把员工当成螺丝钉，蔑视员工主观能动
性的价值。因为不需要生产系统有什么创造性，所以授权的平衡问题并
不要求做得多好。

但是制造业本身也在升级，当年松下幸之助的一个精辟总结说得
好："我可以规定生产线上的工人多长时间生产一个产品，却不可能做
到让设计人员多长时间想出一个好的创意。"如果企业做的是高端制造
业的话，其实生产线上的员工都可能是自己领域的专家，这时候就需要
授权给他们将事情做得更好。

回过头来思考，一个发展良好的制造业企业是怎么没落的，实际上
主要还在于管理层的衰败，企业的领导者自己出现了衰败，但是权力不
能从领导层手里被拿回来，继续在错误的道路上越走越远，最后导致了
整个企业的失败。

传统型的企业，从生产线上的制造到确定性非常强的产品研发行
业，层级化、流程化仍是主流模式，而创新压力极大的互联网行业组织
结构和管理方式则扁平得多。很显然，越需要创新，方向越模糊，越需
要发挥每个员工的主观能动性，却没有人知道最好的想法在哪个员工的
头脑里。

对于探索性的企业而言，每一个员工实际上都代表一种可能性，所
以他们的应有的权力必须被授权到位，而且尊重他们的意愿。权力的收
回则很简单，因为企业很多项目都是探索性的，局部的探索失败了，权
力自然就失效了。

三、用人不疑，释放出去的权力不需要"监视"

信任的价值是无限的，对一个人的信任，就是对一个人的尊重。在

现代企业中，没有信任是做不成事情的。公司治理是公司运作的一种制度构架，是引领公司发展方向的一种基本安排。而公司管理是在这种基本的构架和安排下，通过计划、组织、控制、指挥、协调和评价等功能的具体实施来实现公司的目标。最好的制度如果没有人与人之间的诚信关系，则一切都是白搭。

企业管理者对于员工的信任可以换来员工的信任，想要得到真诚必须用真诚去交换，尽管在当下的中国，老实人是无能代名词，这是价值观的紊乱。任何一个优秀的企业的内核肯定是真诚的，职业化的。也就是说，一流企业里运行的是职业精神，而不仅仅是权力，只有职业精神能够让人从优秀变成卓越。其他的压制型和管制型的权力运作不可能达到这样的管理效果。

在企业中，领导者领导团队的方式就是基于对人才的理解，授权和沟通是两码事，授权给一个人就需要充分信任一个人，这样的事情当然需要办得到，如果对一个人有疑问，在使用上是有一票否决权的，或者等这个人继续成长后再赋予重任。

在一流的企业中，企业管理者已经成为了服务者，他们成为顶级员工的支持者而不是他们的掌控者，人类发展已经进入了智力时代，企业家需要做的事情就是将一流的人才导向市场，去创造市场价值。这是企业在知识经济时代的最好安排。

我们喜欢这样的领导者，他们是隐性的强人，他们坚定的支持团队，坚定的支持一流的人才去实现对市场的攻城略地。领导的本质就是支持正确的人，而企业内一流的人才就是管理的着力点。企业领导者会将很多的精力分配给这样的人才，跟他们去做深入的沟通。我们知道，虽然一流的企业有一流的制度设置，但是人是有感情的，领导者必须深入地和员工去做沟通，了解他们的想法。沟通不要怕越级，沟通的层面是透明无障碍的。

企业的领导者对于企业的理解越正确，越能够做出更好的决断，如果企业还是按照金字塔的管理模式去沟通，则信息到达领导层的时候可能就已经失真，这是我们看到很多领导者愚蠢的原因，他们失去了对整个企业组织正确评估的能力。

人与人之间的信任度越低，信用成本越高。企业管理者信任一个人，是可以降低运营成本的，在用人的问题上，会有很多必需的考量，比如一个人很有才华。但是他不是一个有激情的人，在团队中很难被驱动，或者自己不具备内驱动的能力，也就是缺少自我管理的能力。这样的员工不可能被赋予重任，因为外驱型的人很难融入高级管理团队。

领导者在起用管理者的时候，需要给予管理者充分的信任，用人不疑，释放出去的权力不需要"监视"，保持职业经理人的角色，让他放手去干自己应该干的事情。当然，职业经理人也需要和领导者进行深入的沟通。沟通可以消除误会，统一企业的共识。这种共识不是授权和被授权的关系，而是一种对等的价值观认同。

2010 年，国美黄光裕与陈晓之间的博弈白热化，虽然当时黄光裕已在狱中，虽然陈晓一度被视为称职的职业经理人，舆论几乎一面倒地支持黄光裕，许多人认为陈晓不忠诚，没有当好黄家的代理人，最终以陈晓退出结束争斗。陈晓事件之后，许多较为传统的家族企业更不信任职业经理人。在陈晓和黄光裕的纷扰中，不信任的成本其实是高昂的，因为市场是不等人的。就在国美忙于内战的时候，市场正在发生快速的变化，网络竞争对手京东商城追了上来，在电子商务领域进行了广泛的布局，而且对于国美来说都是革命性的；另一个竞争对手苏宁也在这段时间进行电子商务的转型。国美内斗，等到理顺了内部的关系，面对自己虎狼般的竞争对手，布局已经晚了一步。这样的晚走一步的后果会在未来的数年之内逐步放大，直至成为企业发展的致命伤。

企业的领导者将权力授予高层管理者或者其他的管理者，就不要去监视了，如果换职业经理人和换衣服一样简单的话，这个企业就完蛋了。企业培养一个高层的管理者往往需要十年甚至更长的时间。用人不是开玩笑的事情，一个领导者和一个高级管理人之间的关系需要经过很多年的磨合，不经过磨合，直接放在重要位置上，那风险就比较大了。

第三节 控制与授权的平衡法则

一、授权不能只授"辛苦"不授"利"

控制和授权实际上是管理的一体两面，控制不是去控制一个人，而是去控制事情的发展方向，企业的航向是不断变化的，所以领导者对于每一个人的工作也都要进行宏观上的调控。企业领导者作为导师的角色，实际上需要不断去引导企业管理团队，让团队的工作变得有效。

企业是注重绩效的，很多人看起来很忙，但是工作的过程和结果之间的关联度并不是很高，也就是说，很多人的工作其实是无效的，而作为企业的管理者，是需要对企业的总体经营成果负责的，所以需要不断就下属的管理者的工作进行沟通，在相互的启发当中将事情做得更好。

授予一个人权力，实际上包含两个方面的内容，一个就是赋予权力，然后担负起自己的责任，带领自己的团队实现企业的价值；另外一个，赋予一个人权力的过程实际上就是调配资源的过程，也就是将给予相应的资源。

在企业中，如果一个人被放在了挑战性的位置上，是需要一些豁免权的，很多领导者会将最厉害的角色放在变革者的位置上，带领企业的精干团队创造奇迹。我们也应该知道，挑战性的角色其实很容易失败，这对于这位团队领导来说也是不公平的，因为一旦带领团队没有获得成果的话，对于个人的自信心是一种打击。这对于一个人的职业生涯是一个挑战。不过这也不完全是坏事，大体上在企业中，能够被派到最重要岗位上的人，基本上也都是接班型的人才，就如联想集团柳传志当年培养接班人一样，在十多年的时间里，不断地将联想的管理团队成员放到了挑战性的位置上，让接班人接受各种不确定性，在不确定的条件下寻求自我突破，这才是领导者应具有的素质。

作为企业重点培养的管理人才，需要经过很多年的历练，基本上以后走上领导者岗位的人，在自己比较长的职业生涯中能够经历的苦难都已经经历过了。这种经历过的事情对于以后做事，会有莫大的帮助，这样的人实际上能够作为一个帅才。尽管领导者在培养他们的过程中让他们吃了很多的苦头，事先也不一定要告诉他，在带领团队进攻的过程中如果遇到失败，领导者会容忍这种失败，将失败当成是接班人的历练的过程。

在日常生活中，谁最爱做饭？当然是做得好的那个人。烹饪高手们往往会把做饭当作"心灵享受"，特别乐于主动创造机会"露一手"。而对于不会做饭的人来说呢？走进厨房、打开炉灶就好比是一场不可预知的折磨，令人胆战心惊、充满挫折感，久而久之，他们的选择当然是能不做就不做。对于有些管理者，企业在培养他们的时候不会总顺着他们的意去做事，这是培养高层管理者的法门。

对于帅才的培养，授权是一方面，让他们经受精神煎熬是另一方面。领导者的内在是非常重要的，这种内在的稳定性实际上代表着一种领导力。对于一般的专业人才，知人善任是很重要的，就是要让专业的人去做专业的事情，但是对于那些欲成为领导者的人，则需要面对运营企业的所有困难，所以他们需要被流放的感觉，需要在一个新的荒芜之地上建立一个新的帝国，如果在企业的体系之外他们做到了，那就说明这个人能够回来领导企业；如果做不到，则需要继续历练。

人总会在某些方面有不足或者短板，但是，如果我们竭力回避、掩盖，从不染指这些我们不擅长的任务，那么，他人很难觉察我们在这些领域的能力缺陷，甚至还会认为我们像在其他事情上一样得心应手，值得信任，因此，他们便不会主动来教导我们或者帮助我们学习这些技能。一旦陷入这个死循环，就造成了能力的短板。对于一般的专业人士来讲，有缺陷是可以的，但是要成为领导者，这样的人就需要充分的了解自己，面对自己，去接受挑战。直面自己的内心，战胜自己，才能成为走在最前面的人。

二、适度原则：授权过度，容易导致失控

授权的过程按照企业职位的不同，有着很大的差别。

公司治理主要考察的是构成企业的各相关利益主体之间的责权利的划分，以及采取什么样的手段实现相互的制衡。它是企业创造财富的基础和保障。授权的过程实际上也是对企业内部管理层进行制衡的过程。企业不会给予任何人绝对的权力，企业内部也不存在绝对的权力，实际上权力永远掌握在顾客的手中，是在企业的外部而不是内部。

一般的授权不会给企业带来失控的局面，但是领导层的管理混乱会轻易地将企业带到危险的境地。

我们需要考虑授权过度对企业本身造成的伤害。在大部分企业中，授权过度的情况不会发生，但会发生授权不足的情况。其实很多事情是过犹不及，授权过度一样会对企业造成伤害，而且伤害往往是体系性的，会造成体系的倾覆。

中国古代的藩镇割据实际上就是授权过度的产物，藩镇得到很大的权力，自己能够招兵买马，在自己的地盘上，地方诸侯享有和皇帝一样的治理权力，他们对于中央政府的遵从，有时候只是表面上的，这些诸侯之间的横向矛盾也不少，均认为在自己的一亩三分地上，自己是王侯，不受其他诸侯的管制和制衡。这种国中之国实际上就是授权过度的结果。最终，国家必趋于分裂的边缘，作为帝国的皇帝，则会被架空，很多放出去的权力实际上是很难收回来的，因为这些诸侯王已经形成了

听命于自己的核心队伍。在不利于藩镇的中央政策上，他们会选择性的接受；在向上的沟通中，他们只会上传对他们有利的信息，帝国皇帝正是在这样的环境中失去了对全国的掌控能力。

在企业中也同样如此，一旦一个部门被授予了完全的运营权，那么这个系统很可能就会形成封闭的格局。**一流的企业从来都有一个强人型的领导，这是组织的规律，这个强不是性格乖张，而是对于全局方向的把控能力。**

当一个团队的最高领导完全没有实际性的工作，就说明他存在过度授权。过度授权必定造成组织臃肿，内耗开始，导致效率低下，这就是帕金森定律。大家可以观察下自己部门的最高领导，如果他没有任何实质性的工作，企业组织就一定逃不过帕金森定律，这几乎没有多少例外。

美国著名历史学家诺斯古德·帕金森通过长期调查研究，写了一本名叫《帕金森定律》的书，他在书中阐述了机构人员膨胀的原因及后果：一个不称职的官员，可能有三条出路。第一是申请退职，把位子让给能干的人；第二是让一位能干的人来协助自己工作；第三是任用两个水平比自己更低的人当助手。

这第一条路是万万走不得的，因为那样会丧失许多权力；第二条路也不能走，因为那个能干的人会成为自己的对手；看来只有第三条路最适宜。于是，两个平庸的助手分担了他的工作，他自己则高高在上发号施令。两个助手既无能，也就上行下效，再为自己找两个无能的助手。如此类推，就形成了一个机构臃肿、人浮于事、相互扯皮、效率低下的领导体系。

授权过度的后果，就是放手让自己的下属培养自己的"私人团队"，因为被授权人已经拥有了几乎所有的权力，他的下属就会听命于他，而一旦一个人拥有了完整的权力之后，就会更加注重自己部门的利益，思考企业整体的机会就会相对减少，这种本位主义实际上造成了企业总体目标的丧失。当领导者开始调整企业运营方向的时候，很可能会遇到部门的集体掣肘。

作为领导，发展完善组织十分重要，而合理的授权是培养下属的能力的一个重要方法。通过授权向直属部下传授知识和经验很重要，扩充直属部下的知识可以为其将来从事领导工作做好准备，使他们能够对重大问题作出明智的决策，并使他们在你不在公司时维持部门或公司的运转。

授权可以减轻管理者的负担，可以使管理者将更多的时间放在对部门更重要的长期、宏观的战略规划中，而非计划的具体实施等细节问题上，以此加强管理者的长期、宏观的控制能力。授权实际上就是和下属形成一个分工关系。授权过度，会使员工认为管理者把一些琐碎而乏味的工作都分配给了他们，而亲自去处理那些能够体现任务执行者自身价值的工作；或者员工会认为你把大量的工作都委派给他们，以便腾出时间去做自己的事。要避免员工产生这样的想法，管理者委派的任务应该能体现出员工的价值，或者对员工有益处。

三、授权管理的"一视同仁"原则

最好的授权实际上要根据的员工的特质来做出，正确的事情给正确的人，在做事的过程中，在保证员工"愿意做"之外，"会做""擅长做""做得好"更是一种天然驱动力，是扭转或者提升工作主动性的重要途径，能够发挥他们自己的能力。

我们在前文中说过，企业的领导者在分配权力的时候，不会基于自己的内心的喜好来作出决定，而是基于企业的事实，按照自己喜好做判断的领导者成不了大器。在授权的时候，需要思考的问题就是这样的事情给谁做最合适？而不是派自己的亲信去处理。

每个人可能都会理发，领导者也一样要理发，领导者跟谁关系最好？算下来可能还是跟自己的爱人关系最好，于是领导者就让自己的爱人给自己理发。这样的逻辑如果用在工作上，任人唯亲的话，结果可能是一样的。授权最忌讳的一点就是将不合适的人放在一个不适宜的位置上，既害人又害己。

授权不是一件好玩的事情，在笔者看来，这是企业内部综合素质要求最高的工作，决定着企业的命运存续。所以，领导者需要一个好心境，能够把握大局的人才能够分辨用人的准则。选拔人才的时候，需要遵循一视同仁的原则。公平公正是领导者最好的特质。

要做到一视同仁，确实就需要一定的经验了。我们需要思考将一个人放在某一个位置上的时候，能够发挥他的特长，而不是对于他自己的挑战。目前，有多种基于行为学研究的测评工具可以反映出这方面的问题。

一视同仁的原则首先就表现在自己的坦诚上，其实在工作和事业上，有意地隐瞒信息，做不了好领导。在瞬息万变的市场上，企业内部的信息透明是应该的，至少在管理层内应该做到透明决策。透明是一视同仁的基础。

对于授权者的要求，诚实是第一位的，对于在商场上征战多年的人来说，理应知道简单的道理。在企业内，如果处理事情看起来不公平，很多都是沟通的问题。当领导者准备授权给一个人的时候，实际上就要跟所有管理层的人讲清楚，这个任务是最适合被授权的，其他任何人做，都可能对企业组织的发展不利，每个人都有每个人的机会。但是机会只会给适宜的人，企业中的事情无时无刻不在实战，授权予人不是实验，而是真正的实战。领导者帮助下属了解你的决策以及决策过程非常重要，并且需要帮助他们获得目前和将来工作的经验。

当人们做自己最擅长最熟悉的事情时，其实不需要消耗太多精力，相反，如果去挑战陌生领域、强迫自己做不擅长的工作时，就会消耗很多的精力。将一个不合适的人放到一个新的位置上，当这个人干不好的时候，当事人通常会出现三种行为——自我边缘化、变得封闭并具有攻击性以及最终不可避免的强烈离职倾向。所以，授权不好的时候，实际上就是在毁人，一个人从自信状态转换到不自信的状态比较容易，反之，就非常难了。

领导者的一视同仁的原则，主要就是不偏袒任何下属，一切能够按照公平和公正的原则去办事，这个要求其实是高于企业管理制度的。企业管理制度实际上算是企业管理的底线，但是对自己的要求却是一个高线。

在一视同仁的基础上，就可以根据自己的判断来选定人选了，在授权的时候，尽量一次性地将权力授到位，让该被授权人成为一个能够做决定的人，事情发展的进程，下属能够把控；只授权给你的直属部下，并且授权给您信任的，或者曾经成功完成过管理者委派的任务的员工，要确认授权的对象有足够的能力和知识。组织行为学上的原理也是说得通的，领导者用人的时候，他们会先在自己脑海里搜索，看哪位下属能够承担这样的任务，然后选择自己认为最合适的人选。当然，任何决策都是有主观性的，也都可能犯错误，但是有经验的领导者会绕开这些陷阱，使自己成为下属最得力的支持者、领导者，企业的任何事情上都必须是一个导师的角色，这是宿命。

领导者必须要对很多事情进行积极的干预，缺乏积极的干预时，下属就可能会出问题，传统培训最多能产生 10% 的积极作用，最有效的手段是在实际工作中采取"传帮带"的方式，在完成具体任务、实现真实目标的过程中让人们观察、尝试直至掌握新的能力技巧。在这一过程中，能够帮助人们变挫折感为成就感，给他的主动性生成一个原动力。

领导者的情商在企业人际关系的维系中占据了很高的权重，管理者可以更有效地向员工传递信息，更好地进行沟通，促使员工更有效的获得工作的全面的比较系统的信息；同时可以通过运用情商，了解员工的能力，并运用管理者的影响力，更有效地进行工作授权。同时授权的过程中，员工获得了锻炼能力的机会，运用不同沟通技巧的能力，并能够了解情绪对行为的影响等。

授权并成为下属的导师，实际上是一个很好的平衡管理之道。

第六章

情绪稳定与心理激荡的限度

企业管理过程中要重视心理平衡策略。

第一节 太过"平静"，会消磨意志

一、二八原则：让绝大多数人心理平衡，敢于让一小部分人心理"失衡"

任何事情都需要抓住主要的矛盾点，次要的矛盾就能够顺手解决掉，管理企业的过程，其实是和社会不断互动的过程。人力资源是一个不断积累的过程，留下优秀的，让不适应企业的人另谋高就，这是很正常的现象。

在当下的市场环境中，企业的外部环境发生了巨大的变化，网络时代，很多产业的原有格局都被解构掉了，追求人人满意的管理方式，简直就是自掘坟墓。现在企业管理团队需要不断地拓展新的知识领域，企业的知识地图不断变化的过程，实际上就是人才新的组合。这种组合恰恰是在市场的压力之下重组的。一个企业如果追求员工满意的话，就没有变革的必要了。

变革会触及企业内一部分人的既得利益，任何一个稳定的企业内，都有这样一个利益群体，他们维系着自身的体系。但是当电子商务等组织形式向他们的体系进攻的时候，固守其实是没有任何意义的，企业必须变革。对于那些最后面的变革的阻挠者，则需要铁腕。

新经济模式是以用户为核心的，物质性的商品形态已经演变成围绕用户而打造的多元服务。一些法律和制度也应该围绕用户和服务来制订。新经济模式下的新商业模式就是围绕用户为核心而打造多元化的人性化服务。

企业内部已经不能再容纳官僚主义这样的保守势力了。企业必须面对用户，整个商业模式的设计都需要如此。企业内没有安全的环境，企业的任何一个位置，不是被企业内的人替代掉，就有可能会被企业外面的岗位替代掉。面对如此严酷的竞争环境和企业生存环境，关门自闭的欢乐可能维持不了多久。

企业的领导者必须是变革的领导者，按照二八定律，让绝大多数人心理平衡，敢于让一小部分人心理"失衡"。企业就是不断的积累既得利益者的利益格局，然后通过变革改变这一格局。变革一定是代表大部分利益的，否则就没有民意基础，虽然在企业中，我们认为资产是老板或者核心管理团队的，但是如果企业不能及时转型的话，这些资产迟早会变成负资产。

其实说白一点，在企业内让一些人心理不平衡，实际上就是一种利益的剥离过程，从别人手里拿走东西，没有人会兴高采烈。只有那些真正理解公司的人才能接受公司降薪的要求，否则，他们会理解为公司撵他们走。企业在碰到困难的时候一般会抛弃一些员工，这是正常的事情，即使国际大公司也是一样，但是对于公司有用的人才，公司是不可能抛弃的，除非企业不想生存下去了。

企业是一个生命体，肌体在平顺的环境中很容易肥胖，企业要想让自己重新强健起来，就需要甩掉赘肉，以便能够实现快速的奔跑。在企业肥胖的时候，那些不能为企业作出贡献的员工就该想一想自己是什么样的角色，这是很重要的。

无论在什么时候，企业领导者都需要勇敢的做自己，用自己的心去做判断，这符合东方禅宗思考的本质，当决策问题的时候，受到了太多私人情感问题的干扰，那作出的决策实际上也就偏离了航线。不要讨所有人的欢心，事实上这样也是不可能的。

领导者在硬和软之间是需要转换的，在企业需要领导力的时候，该硬起来的时候就要硬起来，平时可以平易，必要的时候就需要一种狠劲。

领导者肯定都有一个"慑服"追随者的过程，这个世界上没有无缘无故的爱，员工和追随者跟随你，确实是因为你能。领导者经过深入调研，深思熟虑，然后作出自己的决定，团队无条件执行，并在执行中理解。这样的强硬风格是必需的，不要以为这样的领导者独裁。从某种意义上来说，总裁就是独裁，企业开始执行的东西，不能被企业内所有人理解是很正常的，尤其是那种具有前瞻性的工作，只能为少数人理解，当一个商业战略能为大部分人理解的时候，市场机会早就失去了。

团队中的核心人员必须了解领导人的所作所为，即使他们不能够理解全部的东西，但是以往的经验会告诉他们，必须支持领导者，因为这样做在战略上是有益的，每一个领导者能够走上领导者的位置，都是经过很多次成功和失败的洗礼，而这种洗礼，就是团队无条件支持他的理由。

在企业里面，大部分人会支持企业的管理变革行为，也有一些人稍微被动一些，可能在企业里面属于中间的状态；但是总有少数人会反对变革，他们可能会有激烈的抗争行为，对此，杰克·韦尔奇说，那就请他们出公司吧。

二、保证团队总体的平衡，不保证每一个人的心理平衡

团队领导者需要保持团队的进取心和激情，一个出色的企业，领袖身上也凝聚着团队的理念。企业领袖必须学会和自己的核心团队成员互动，保持信息沟通顺畅。现代企业管理有两大关键问题：一是在企业内部，各层次、各局部、各成员如何形成对企业经营管理的统一认识，促使企业各项工作有效运行；二是协调企业内外人与人之间、组织与组织之间的关系，化解冲突，实现企业内外融洽的关系环境。企业领袖在维护核心团队的关系方面需要投入更多的精力。

领导者不是和事佬，任何管理团队的领导成员都不需要成为和稀泥的人，团结团队是一个工作，发挥独特的领导作用也是一个工作，在团

结人和领导人之间需要平衡管理。在平时，领导者需要团结人，在关键时刻，在发挥领导力的时候，就不要怕得罪人，保证团队总体的平衡，不保证每一个人的心理平衡。

我们几乎可以较为极端地认为，成功的领袖都是通过管人、育人、用人来实现管事的，而所有失败的领袖都是管事不管人或者管人无方的。由此可以说，"做人事"是领袖行为修炼的第一个准则。否则，这个企业将很难成为一个有效的团队。

京东商城就是一个极具领导力的企业，刘强东在完成企业变革的时候就表现出了一个领导者应有的角色。刘强东被贴上了大胆、激进、冒险的标签，并非没有理由，2005年京东商城向电子商务的彻底转型就是例证之一。此前京东在保持线下渠道的同时尝试了一年电子商务，前者仍是95%销售和利润来源。抛弃95%而押注5%，对任何人而言都是一次危险的下注。那也是刘强东迄今最艰难的时光，晚上时有失眠，才决定沙漠越野以释放压力。

这其实是企业执行力和战略变革能力的最直接的体现，绝大部分企业无法越过这道坎儿，只会在战略选择面前犹豫并最终丧失变革机会。刘强东出色的领导力在这次变革之中得到了充分的体现。刘强东说："必要时肯定要冒险变革。在看到未来隐藏的巨大危机或机会时都要变革，等危机来了再变革就晚了，而新的机会下，虽然原有商业模式不变也谈不上危险，但变革后新的商业模式比原来机会大很多，为什么不变革？"在这样一次弃95%而取5%的战略转型中，可以发现刘强东的铁血。从这个角度来解读京东，会发现企业经营的主要核心元素没有发生大的改变：企业的未来取决于领导人的视野和行动。

如苏宁和国美这样的3C大渠道商也已经多次发狠进军电子商务，要用自己千亿元规模优势灭掉京东商城的扩张势头。他们在未来会给京东一个教训。这会让京东商城在短时间内感到很难受，但是教训不能解决问题，而且一定是短时间的。两种渠道的最终对决，源于双方的运营效率竞争，对于苏宁和国美来说，他们的战略资产还在传统的渠道领域，舍弃自己的战略资产，转而在一块陌生的阵地上争夺未来的渠道主导权，在企业转型的变革中成功者寥寥无几。对于苏宁和国美能不能转型到电子商务渠道商，除非发现大势已去的时候他们才会作出变革，否则从维护现实利益的角度，他们很难作出主动式的变革。

尽管苏宁和国美高层不断放风扬言要进军电子商务，但我们还是宁愿相信这是虚晃一枪，他们不会将主要运营系统转移到网上来。管理大师西蒙曾说过，人们的行为一般分为两种，一种是刺激——反应型习惯模式，另一种是犹豫——抉择型逻辑模式。以往管理学家多强调逻辑行为模式，而忽视习惯行为模式，但事实上人们的大部分行为仍是由习惯模式支配的。过去的成功惯性会阻碍苏宁、国美的战略变革。

对于企业领导者来说，就是要带领团队在适宜的时间做适宜的事情，做事是第一位的，团结人是第二位的，苏宁和国美在向电子商务的转型方面表现的犹豫实际上受到了团队和资本市场的制衡。这时候就需要体现出领导层的领导力。因为领导者必须在企业机会方面有作为，这是领导者最大的责任。

团队领导者应关注每一个团队成员的发展与成长，与团队成员同发展共成长。这就要求团队的领袖要把主要的精力放在团队成员的指导上，要帮助团队成员制订成长计划，引导团队成员做好本职工作，提升团队成员的工作绩效等；还有，团队领袖要学会激励，运用好激励。在团队中，没有一个团队成员会故意变坏，但如果激励不到位的话，团队成员就会变得消极懒惰。因此，激励是团队建设的一个重要武器，团队领导者应充分发挥好激励的作用，而且要善于激励。保持团队的事业激情是团队领袖的职责所在。

虽然领导者的领导风格不能让所有人都满意，但是团队成员的反对声音其实也是一个好事情，对于企业的变革行为，领导者必须进行说服，对于被决策边缘化的团队成员，则需要继续沟通，对于那些反对者，也许业绩是最具说服力的，那些反对者需要隔离在新业务之外，等到新业务产生业绩的时候再让他们深度参与进来。

三、"失衡"既产生怨气，也产生动力

没有一个企业的管理者希望自己企业内发生情绪失衡的局面，但是企业和其他的组织都会发生集体情绪的失衡，在怨气中寻找企业发展的新动力，这是一种企业文化上的冒险，但是没有办法，有人的组织就有不满。

在如何管理团队的问题上，企业管理者需要研究什么？要研究如何把责任压到人肩上，如何把权力与责任配套，如何激励与约束。领导者是企业的最高管理者，而管理者是管人的、用人的，这就决定了他必须把大部分精力投入到研究人的问题上来。

团队的建设没有固定的模式可循，团队的管理者们要善于因势利导，把握好团队建设的方向和时机，推进团队的建设。在市场竞争日趋激烈的今天，团队领袖们尤其要确立创新的意识，确立团队主人翁的意识，做好团队的领航者。

作为企业的管理者，不管在企业内碰到什么样的情况，都需要做好领航者，带着企业共同发展。

作为企业的管理者和领导者，也会产生怨气，作为企业的领路人，不被人理解，内心是比较孤独的，但是优秀者都是孤独的，因为他们看到的风景确实是很多人不能够理解的东西，但是在企业遇到变革的时候，这些企业领导者就会表现出力挽狂澜的勇气，这当然是由于他们的性格使然，站在这样位置的人，都是内驱力十分强大的人。

屡败屡战是成功者应有的内在品质，一个人在面对压力时的作为代

表了一个人的自我管理的能力，不公平的待遇或者外界的误解，对于内心弱小的人来说是一种打击，对于很多有内驱力的人来说，这就是动力。这些人用行动来证明给自己看，他们相信自己能够将事情做得更好，也相信能够通过自己的努力获得转机。对事如此，对人也是如此。

关于内驱力，瑞士著名哲学家，分析心理学的创始人——荣格认为，人的内驱力可分为两大类：由饥饿等生理需要而产生的内驱力称为第一内驱力，又称基本的、原始的或低级的内驱力；由责任感等后天形成的社会性需要所产生的内驱力称为第二内驱力，又称社会的或高级的内驱力。一般来说，高级内驱力对低级内驱力起调节作用。

一般的管理者在面对挫折的时候，很难将压力和怨气变成动力，但是出色的管理者能够做到，这就成为领导者的一个特质，在环境趋于负面的时候，能够做出乐观的判断的人，能够将一切的管理因素都变成积极的因素。企业不可能时时都会顾及每一个人的感受，每个人都会有付出和回报不平衡的状态，抱怨只会让自己堕落，最好的方式就是让压力变成生活和工作的动力。

对待怨气，每个人的处理方式不同，认知的内驱力是一种源于做事者自身需要的内部动机，这种潜在的动机力量，要通过个体在实践中不断取得成功而表现出来。诱发这种内驱力需要激发兴趣，它属于一种外部动机。对于基层员工来说，他们的智力水平实际上处于一个相对较低的层面，他们处理怨气的方式基本就是简单地发泄，所以，对于基层的员工还是以鼓励为主，薪酬和其他的鼓励方式做到公平即可，不需要考虑太多。如果要培养的话，就需要确立正确的价值观，树立员工的职业精神。

领导者和管理者有自我提高的内驱力，自我提高内驱力是一种通过自身的努力，能胜任一定的工作，取得一定的成就，从而赢得一定社会地位的需要。它以赢得一定的地位为满足。

企业发展的过程中不可能风平浪静，企业内员工的情绪管理就成为企业管理者一个重要的管理课题，任何情绪包括负面情绪都可以引导出来，成为企业前进的动力。而且面对挫折的时候，刚好可以对这些下属进行考察，很多人的内在的东西往往是在困境中爆发出来的。打造一个完美的团队是企业领导者长期努力的结果。

当然，企业内部的情绪失衡是难免的事情，企业管理就是不断地调配资源的过程，这意味着要不断地转移阵地，总有一部分人想留下来死守阵地，对于他们的怨气，或者被剥夺感，领导者应该站在理解的角度看待。在做事的时候需要一定的强势，但是还是要避免怨气的产生，这是一种平衡之道。领导者往往面临着一个难题，在剥夺一个人或一个群体权力的时候如何不让他们产生怨气，并且将怨气转化为工作的动力。

在企业管理的过程中，有些问题本身就没有答案，只需要提出自己的问题就可以了，领导者权力不是强推的硬权力。很多企业领导者看似一言堂，实际上最重要的能力还是维持企业持续发展的能力，团队成员不是因为领导者强硬才拜服他，而是因为他具有一开始就将事情做正确的能力。当然，作为企业领导者，强势算是一种比较有优势的特质。

卓越的团队领导者最善于使他的团队成员优点最大化、缺点最小化。用长处，避开短处。所以在这样的团队领袖带领下，人人都是能人，每个人的积极性都能被充分地调动起来，团队的凝聚力才会大大增强。

第二节　明智的管理者不会追求"完美"

一、宽阔的胸怀和淡定主义是管理者必备的素质

优秀管理者的进取和淡泊是一个人的一体两面，也是管理者面对自己内心的一种平衡。他们知道，做事情就是有所为有所不为，这是战略的本质。一个人的能力有限，精力有限，所以他们会抵制住诱惑，不会随波逐流，去追寻浮在水面上的财富，而是一开始就是事业思维，他们想做一份事业，他们的追求就是成为自己领域的领头羊。

因为要做自己领域的领头羊，所以管理者需要看到自己领域的全景，这需要宽阔的胸怀，同时，对于很多诱惑，能够保持淡然。

在《创新和企业家精神》中，管理大师德鲁克说，什么样性格的企业家都可以找到成功的路径。其实领导者的力量来自自己的心灵，他能够在迷雾中看到行业的未来趋势，这种能力跟性格是无关的，有些领导者可能看到了未来的远景，有着很好的思想力，但还需要很强的管理能力和执行能力，这就需要借助团队的力量。企业家的力量源于团队。

善于借助外力成功，这不是性格因素，而是智慧，是可以通过后天培养的。市场经济实乃企业家经济，企业家是一个国家经济增长的"国王"。这是一个需要企业家的时代，造就一大批优秀的企业家是社会经济发展的迫切需要。现在，每个国家或者地区都声称自己缺乏领导力人才，但是中国是缺乏领导力人才比例最高的国家。杰克·韦尔奇对全球的经理人们大声疾呼"别沉溺于管理了，赶紧领导吧"。这说明具有领导智慧和性格特质的管理者是经济发展中的一个稀缺因素。

一个富有企业家精神的人都是经济发展的种子，在他们身上蕴藏着

改变经济的力量,他们有整合机会、人才、人心的能力,最重要的,他们拥有成功者最应具备的一种性格——勇于实践,它是一个主动的发动机。

管理者的修炼就是需要具有超强的学习能力,宽阔的胸怀和淡定主义是管理者必备的素质,优秀的管理者对于自己的要求是比较高的,他们追求的实际上是自己的眼界和境界。在企业内是有明确分工的,管理者的本质就是能够分辨出什么是好的东西,什么是不好的东西,然后将好的留下来,变成企业的机会。

拥有宽阔的胸怀才能有人格魅力,领导者的人格魅力是指领导者道德风范、知识修养、心理素质、仪表等方面的综合体现,是一种权力之外的对他人的影响力,这是与职责、职位无关的影响力,但它润物无声,涓涓入心,更持久也更有效。用权力去管理,多少带有一种压制性质,只有员工自觉自愿的跟随你,这才叫领导;管理只能管理领导者看到的地方,但是领导的人格魅力可以激发员工在自己看不到的地方一样为企业的发展作出贡献。"以力服人者,非心服也,力不瞻也;以德服人者,心悦诚服也。"古人这段话讲的就是人格的力量。

最好的公司领导就是那些对自己的事业怀有最大激情的人。已故的苹果电脑领导者乔布斯最令人着迷之处就在于他怀抱着改变世界的野心。1977 年,PPT 的发明者坎贝尔年轻时在丹佛一家小软件公司当程序设计员,他为苹果电脑写了一个关于基础会计的软件。乔布斯很欣赏这个年轻的电脑高手,便打电话邀请他来加州见面。当时,乔布斯还默默无闻,坎贝尔也没怎么听说过他。因此,在会见乔布斯前,坎贝尔拜访了多家公司,希望能找到适合自己的职位。

坎贝尔拜访的第一家公司是苹果公司的竞争对手泰迪。当坎贝尔问泰迪的高管,他们对个人电脑的未来有什么看法时,泰迪的高管说:"我觉得它会成为人们在圣诞节相互赠送的大礼。它简直就是下一个民用波段收音机啊。"民用波段收音机是当时最时尚的产品，泰迪的高管认为电脑也会成为一种时尚。但坎贝尔对这一答案并不感兴趣。接着，他又去了其他几家公司，问了同样的问题，但他们的答案都没有打动坎贝尔。

最后，坎贝尔见到了乔布斯。"乔布斯讲的故事太精彩了。他滔滔不绝地讲了一个小时。关于个人电脑如何改变世界，他为我描述了一幅美丽的蓝图。在未来，我们的工作、教育、娱乐等一切都被个人电脑改变了。我想，没有人能抗拒这么美丽的梦想。"乔布斯用他的远见和宏图震撼了坎贝尔，坎贝尔当即加入了苹果公司。30 多年后，每当坎贝尔回忆起与乔布斯会面的情景，依然兴奋不已。"史蒂夫是一个怀抱着改变世界的野心的人，他能够看到海的那头。"坎贝尔认为这正是乔布斯与其他领导人最为不同之处。

一个好的企业需要很好的执行团队，但是企业的智慧实际上取决于管理团队的胸怀和眼界。一个管理者的眼界决定了企业的前景，对于企业来说也许永远也达不到完美，但是对于管理者来说，则需要不断地提升自己，并且不断地提升团队。

管理者的淡定主义实际上是一种坚守的精神。在任何领域，只有顶级的专家型团队才能够获得成功，所以数年如一日的坚持，甚至数十年如一日的坚持，直到企业成为顶尖者，这样的管理者，不淡定的话，早就把最初的理想抛到九霄云外去了。

二、不过于"在意"来自上面的指责和下面的牢骚

一般的管理学上都说没有完美的个人，只有完美的团队，这样的结论不知道是怎么下的，事实上一切都不会完美，团队的管理用意是大家长处的结合，而不是各自短处的暴露。如果一个团队拥有了负面的能

量，很可能会出现团队不如个人有智慧的情况。不科学的体制有时候会造就集体的愚蠢。

企业管理者和团队成员要能够发挥自己的长处，不要在意太多体系外的不理解，管理者埋头做事的精神还是非常必要的，做到心里开放就好，既能够吸纳外部的善意批评，也能够抵制负面评价对自己的影响。后者显得更加重要。

作为第一个完整商业年份的 1996 年，亚马逊在口碑传播中实现了 1570 万美元的销售额。然而，随着订单的几何级增长，贝索斯意识到，亚马逊如果想继续提供他所设想的服务水准，就必须拥有自己的库存和配送系统，这也就意味着，亚马逊基于互联网概念的"轻公司"模式必须被舍弃。1996 年 11 月，亚马逊在西雅图建立了第一个库房，从此一发不可收。实际上，亚马逊现在遍布美国的 19 个配送中心（物流中心），有 7 个建于 2002 年赢利之前。贝索斯的目的是什么？就是为了提高整个供应链的效率。

供应链效率的提升往往意味着对技术的充分应用和巨额的投资。以亚马逊为例，创建仓储、物流、丰富产品线、完善服务器、数据库架构，其总投资可能超过 20 亿美元，这种在初创期的巨大投入让亚马逊长期处于亏损状态，贝索斯一直是华尔街最不受欢迎的人，直到 2003 年，亚马逊成立 8 年之后才开始赢利。而亚马逊的基础架构搭建完毕之后，就进入了一个爆发性的增长阶段，现在，其巨大的计算和物流能力甚至成为了亚马逊的一项极具潜力的新业务，而贝索斯则被认为是对电子商务最具战略远见的人。

虽然成本巨大，但当年贝索斯仍然坚持投入巨资建设自己的物流体系。他不断地对外宣称："大力投入是为了更好地改变世界！""我们从不做肤浅的赢利计划。利润是一个公司生存的血液，却不是意义。""如果你寻求的是短期回报，就别往这儿凑合。我们卓越地投资于未来。"现在看来，贝索斯当时如此大成本的后台投入就是为成为"网上的沃尔玛"做准备。而且其投入不仅仅是建设基础设施，也包括吸收潜在对手来开拓自己的业务新领域。

然而，现在硅谷和华尔街的分析师都知道，即使强如沃尔玛，若想在网络领域追上亚马逊也是极其困难的。相反，每到节假日，亚马逊与沃尔玛之间的价格大战则是美国各家生活类媒体的热门新闻。

咨询公司 GSI Commerce 的 Dias 女士认为，沃尔玛针对亚马逊的网络战役太迟了。作为已经被亚马逊消灭的 Circuit City 电器连锁的前管理层，这位传统零售商的顾问说她自己已看到很多公司忽视了亚马逊所带来的后果。"我们必须加速并拒绝让它变得更强大。"她说道，"我赞同沃尔玛。多渠道零售商是时候站出来并拒绝让它们的业务流失。"

不管当时贝索斯曾如何宣称亚马逊在助力传统企业适应了电子商务时代的新变化，也不管他如何宣称亚马逊是一个开放的平台，最终这家巨兽总会从平台提供者变成传统零售商的敌手。这是个不可回避的自然规律。

贝索斯敢于对资本市场说"不"，也敢于面对其他人的指责，因为他知道自己在做什么样的事情，也因为他明白自己做的事情，所以能够坦然面对一切。

其实，在企业中或者在其他的组织中，一个人能够面对非难的时候，实际上他已经明白自己到底在做什么样的事情了。有些事情是可以沟通的，但是有些事情只能靠时间去证明，无数伟大的企业都是时间证明出来的。

承担责任的人一般都有埋头做事的淡然，因为没有时间和精力去处理那些对目标没有影响的聒噪。企业管理者不会置身事外，而是会不断地配置和优化自己的团队，和团队一起承担责任。既然是管理者，就要敢于承担责任。在一个团队中，管理者当然希望他的下属敢于承担责任，但下属同样希望他们的领导者敢于承担责任。

领导者需要宽广的胸怀，优秀的人难免不挨骂，领导者身上需要有温暖的人格魅力，丰腴的精神信仰，在经营实践中有坚决的前行步伐。不过于"在意"来自上面的指责和下面的牢骚，因为只有大部分人看不懂的时候才是大的市场机会，当然，这要有定力和自信心。

三、自信和主见是平衡型管理者的"定心丸"

做企业需要有灵活性，但是必须要守住底线。这是一种平衡之道。

作为企业的管理者，必须是有主心骨的人，优柔寡断的人成不了企业的管理者，管理者的本质永远也离不开"控制"二字，不管用什么样的管理方式，都需要掌握住企业的发展方向。

自信的价值是什么？我们知道，任何一件事情均是来自内在的自信和志在必得，如果没有自信心，则无事可为。自信心是一种企业经营的正能量，只有在自信的基础上才能产生坚持下去的意愿，这就是一种立定自我的精神，在优秀的企业者身上，我们能够感受到这种自信。

那些有底线的企业实际上就是有"定心丸"的企业，因为他们知道自己的事业除了金钱，还有职业精神，企业的本质是为社会创造价值，然而并非所有的产品和服务都能产生正能量，有些产品本身没有问题，但与社会成本相比，就成了负能量。

有些企业赚了不该赚的钱，给环境造成了严重的污染，恢复植被要付出天价等。有些产品和服务的推出则直接出现负能量，比如三聚氰胺牛奶、染色馒头、瘦肉精火腿肠、苏丹红咸蛋等问题食品。它们所产生的负能量远远超出了产品和服务本身，可能会导致一个行业一种产业一蹶不振，给社会公信力带来严重冲击。毫无疑问，这些产品和服务的推出都是有组织进行的，只是在推出过程中的管理涉嫌不正当。由不正当管理所催生的负能量才是种种弊端的要害，是正当管理所要解决的问题。

底线这种看起来十分无趣的东西，也能够保证企业的航线不会偏离自己的主干道。三元乳业就是一个温和发展的企业，其管理者多年以来在品牌扩张和经营之上没有什么特别的创造，是一个守成味道很重的企业，但是企业的领导者却为企业定下了这样一条铁律，做安全健康合格的好牛奶。正是这样的看似啥也不是的指导思想，使得三元能够远离国内奶业危机的旋涡，在根据地北京，每一次发生奶业的丑闻和危机，三元的市场地位就被强化一次，成为自然而然的得益者。三元的不作恶的传统逐渐在危机中显现出来，这就是企业应该坚持的底线。坚持底线的企业至少会有自己的一块根据地。企业急功近利的发展模式有时候会带来各种各样的问题，但是企业如果知道自己的底线是什么，就不会在各种诱惑面前迷失自己。从某种意义上来说，守得住也是一种卓越的行为。

一般来讲，领导者的人格魅力体现在以下几个方面：信仰坚定，有矢志不渝的坚毅力；品行高洁，有才学超群的吸引力；宽以待人，有严于律己的亲和力；沉着果断，有潇洒自如的感染力；举止得体，有平易近人的感染力。但是我们认为最重要的人格魅力其实是自信，企业领导者所有优秀的品质都建立在自信的基础上。

在那些乳业企业拼了命要追求火箭速度的时候，三元的领导团队坚信自己的道路是正确的，向市场提供好产品比企业发展速度更重要，他们在内部会议上经常提到基础工作的问题，公司的管理做到位，多年如一日的坚持下来。也就是在这样的定力中，在中国乳业面临全面危机的情况下，三元还能够稳健发展，并且实现良性扩张。

第三节　管理者自身的压力控制

一、无压力非好事，保持适当的压力值

对于企业的领导者来说，其核心工作就是育人与用人。他的时间和精力都用在了对人的把握上，因为常识告诉我们，机会其实就在人的身上，如何驱动团队来做事，这是管理者必须面对的事情。

对于管理者来说，不仅仅是他一个人担当，企业内的所有人都要有担当，在企业内，位置越高的人，压力越大，这就要求企业内的管理者将自己的担当分出去，让自己的下属，让企业的所有人都在一定的压力之下工作。没有压力就没有动力，尽管这是老生常谈的道理，但是在企业管理中，这始终是驱动员工的最基本的方式。

有些人在压力之下表现得更优秀，至少接班人这样的角色必须具备这样的品质，对于大部分人来说，大的压力可能造成退缩。所以给予员工压力的时候，也要适度。

给予员工压力是有一定的规则和技巧的，不要安排难以完成的工作给下属，有些职位和事情本来就是一个陷阱，如果一份工作换了几个能力都较强的人都干不好，那么这样的职位就是坑人的职位，这样的工作会给员工莫大的压力。如果一个人连续一两年都处于一种难以完成任务的状态，对人的打击是比较大的。当然，不排除企业的领导者为了锻炼某人，将他放在一个极具挑战性的位置上，这是特例。管理者可以安排非常规任务和常规任务，但是对于非常规任务，管理者必须了解这些任务，以便给员工足够的指导和资源。

安排体现员工价值的任务是最好的压力管理的方式，下属在做自己

最擅长的事情的时候，也不会感到压力很大，而且越做越顺手的可能性比较大，所以给予员工压力，就要让员工有成效，有了成效以后他在自己的内心里会增强自信心，逐步地，他们会自己努力成为这个领域的专家。企业管理者必须给予他们一定的压力，但是需要必要的支持和鼓励，其实鼓励这个事情不是针对小孩子的，对于大人来讲，也要注意好心态的培育，一定的压力加上一个心态，是很好的做事方式。安排员工可以胜任的任务是一种对员工负责的精神。

企业一定不能为追求生产力而牺牲员工的福利，这是企业的社会责任和人道管理。过劳死现在在一些国家和地区的企业中不断地发生，这是一个警讯。最早的"过劳死"这个名词和症状最初都是来源于日本，日本也是 10 多年前才承认过劳死是一种疾病。现在日本每年都有 1 万多人死于过劳死，而且据跟踪发现，大多数过劳死患者都是白领，蓝领工人很少会过劳死。过劳死有一个特点，都是自己心甘情愿地加班加点。猝死之前其实是有大量征兆的，但这些人的投入性太高，所以没有能够注意到这些征兆。

对于很多企业来说，经常有管理者生病其实就是一个压力过大的征兆，如果员工做自己擅长的工作，能够享受工作带来的乐趣的话，实际上就能够化压力为动力，如果不能享受工作带来的乐趣，那么压力就变成了纯粹的压力，也就是为了妥协才工作的，长期身心不一的活法对人的伤害是最大的。

从人的角度来看的话，压力管理在企业中确实比较重要，世间一切事物中人是最宝贵的。如果一个企业连健康的员工都没有的话，这个企业靠什么来支撑？企业一定不能为了追求生产力而牺牲员工的福利，这是企业的社会责任和人道管理。

现在企业的竞争环境，使得企业的管理层压力越来越大，因为市场环境的变化节奏太快，如果环境一年一个四季变成一月一个四季，那么企业确实也就不那么好做了。未来的不确定性给了企业管理层更大的驾驭难度。

对于企业管理层来说，最主要的压力源是：责任重大；工作负荷特别大；对于未来的不可掌控性，包括政府政策、未来的企业前景等；工作特别复杂，层层面面，包括人际关系；知识含量高，使得他们不停地更新知识。这些东西综合起来也就构成了一个全向的压力环境，没有企业可以摆脱压力。也许对于企业管理者来说，首先要让大家共同来分担压力，剩下的就是思考如何缓解压力。

二、压力管理是管理者能力的体现

管理者的能力主要体现在面对变局的能力，面对变局实际上是压力最大的，对于一个简单的事情而言，结果确定和过程确定，员工只要按照既定的程序就可以完成工作，但是对于模糊的场景来说，其实每一步都是未知数，这对于管理者来说，确实需要一定的承受能力，需要自己想办法化解掉。

一般的员工遇到压力时，很容易产生抗拒甚至逃避的心理。但抗拒、逃避并不能真正解除压力，唯有思索压力产生的原因，从压力产生的根源着手，才能有效地纾解压力，不受压力所摆布。

无论是哪一种情况下产生的压力，其实都有一个相同的特质，就是当一个人碰到一件事而感觉到"我不会""我不熟悉"或是"我不确定"时，就会感受到压力。这里面我们就需要从企业培养的角度去看企业的压力管理。

对于一个去过沼泽地的人来说，他已经知道了在前进的道路上哪里会有泥潭，碰到了泥潭该如何处理，需要带上什么样的工具就能够更快更好的走过沼泽地。

压力管理的好坏决定了管理者能力的高低，既然压力的来源是本身对事物的不熟悉、不确定感，或是对于目标的达成感到力不从心，那么，纾解压力最直接有效的方法，便是去了解、掌握状况，并且设法提升本身的能力。一旦"会了""熟悉了""清楚了"，压力自然就会减低、消除。可见压力并不是一件可怕的事。逃避之所以不能纾解压力，则是因为本身的能力并未提升，使得既有的压力依旧存在，强度也未减弱。

作为管理者，很多作决定的事情是未知的，但是按照组织管理的一般规则，对于决定的事情又是把握性最大的，对整个组织的把握已经成为他自己身体的一部分，这当然是一种难得的领导力。由此观之，压力也可视为一种侦测器，用以测试一个人的能力。同样一件事情，对不同的人产生的压力大小也不同，能力较强者，感受到的压力便较弱。一个人能够负荷的压力强度，也反映出他的能力高低或对事物的熟悉度。压力的存在，代表欲达到的标准高于实际情况，而压力的消除，代表能力较先前提升。

杰克·韦尔奇在培养杰夫·伊梅尔特作为自己接班人的时候，没有让他过过一天舒服日子，每次当他舒服一点的时候，就会指派他完成一个具有挑战性的新工作，这样高压力的工作之下实际上能够不断地提高他的领导能力。

通用电气CEO杰夫·伊梅尔特30多岁的时候曾经被认为是公司内部最有前途的新星，在杰克·韦尔奇的安排之下，他也遇到了职业生涯当中最为严峻的考验。韦尔奇安排他回到通用塑料部门担任销售和营销总监，由于这只是一次平级调动，所以伊梅尔特完全可以拒绝公司的安排。但杰克·韦尔奇告诉他："我知道这并不是你想要的，但我觉得这是你为公司服务的一次机会。"

由于市场竞争非常激烈，所以伊梅尔特的部门不得不与几位重要的客户，包括美国几大汽车制造商签订了一份固定价格协议。可就在这时，美国突然发生通货膨胀，整个塑料部门的成本一路飙升。伊梅尔特的部门距离当年目标利润额出现了 3000 万美元的差距，只完成了预计利润额的 70%。他曾经试图提高价格，但这会直接导致他的部门与通用汽车公司的关系恶化。

所有这些因素都进一步加剧了伊梅尔特的压力，最终韦尔奇不得不亲自与通用汽车 CEO 罗杰·史密斯（Roger Smith）直接联系。在了解了具体情况之后，韦尔奇毫不犹豫地拨通了电话质问伊梅尔特。伊梅尔特把这一年看作自己人生中极为难熬的一年。因为按照通用的一般程序，伊梅尔特需要自行辞职，对自己的工作结果负责任。

本来伊梅尔特在通用一直发展得顺风顺水，没有经过重大挫折洗礼的他确实对自己的处境产生了非常大的压力，甚至动了辞去职务的念头，但是在经过理性思考以后，他向公司提供了新的计划，保证在自己接下来的工作中完成新的销售计划，如果不能完成新计划，自己将辞去通用的职务。在接下来的一年多时间内，伊梅尔特通过自己和团队的努力完成了工作目标，第一次的职业危机终于渡过了。

在通用电气服务的日子里，伊梅尔特遇到了好几次决定职业生死的艰难抉择。当然，他事先也不知道自己是韦尔奇最看好的继任者之一，韦尔奇对他没有任何这方面的暗示。但是，伊梅尔特终于一次次突破了自己的职业生涯危机，靠自己的努力获得了自我突破，在韦尔奇功成身退的时候，经过挫折和成功洗礼的伊梅尔特成为通用的董事长及首席执行官，成为一代商业领袖，而韦尔奇离开通用以后，再也没有回到过通用，因为他知道，在几次挫折的历练中，伊梅尔特已经足够强大，能够面对一切困难和挑战了。

伊梅尔特说："很多领导者都会在工作中遇到一些特殊的经历，自我意识、价值观、对于未来的预期都会受到严峻的考验。我把这种经历称为'撞墙'，因为遭遇这种情况时的感觉就像是一辆飞驰的赛车撞到了跑道的护栏，即便是最有前途的领导者，在自己的职业生涯中也都至少有过一次这样的经历。领导者需要坦然地面对挫折，将它作为自己生活的一部分，唯有如此，才是领导者应有的历练!"

对于一个负责的下属，就要给他适当的压力，一个人一旦感受不到压力的存在，就要特别小心。因为这表示在能力提升与个人成长上，少了一股相当重要的动力来源，这样的环境虽然安逸，但是却无助于成长。就此而言，压力的存在有其正面意义，人不应该害怕、排斥压力。

在寻找解决方法的同时，个人的能力也随之提升，相对地，压力便减轻了，这代表一种改善与进步。了解了压力的本质之后，在面临压力时，就不致乱了方寸、慌了手脚，也只有想不开的人才会被压力压垮。

从企业的视角来看，既然个人感受到的压力强度与能力、熟悉度有关，那么，在工作场合当中产生的压力就不至于真的把一个人压垮。即使压力大到个人无法承受，也还有能力较强的主管可提供协助，此压力对他而言相对较轻。当一个管理者面对高压力的工作而应付自如的时候，他已经在不知不觉中成为了一个经营高手。

三、通过增大"受力面"释压

高管和员工的压力源不同，在国内所做的研究显示，最大的压力存在于工作最复杂的工种。这也就是为什么高管和领导者往往感觉压力最大的原因。中国管理者的人际压力源显然要远远高于国外的企业家，其他的则相当相近。

对于市场环境的快速变化的现实，靠传统的经验型领导行为已经面临着危机，即使那些创造过辉煌的企业管理者，也面临着知识不殆的困境，在现在复杂工作的运营中，个人看到的已经不能代表市场的真实。也就是说，独裁型的、经验型的管理者遇到的压力会越来越大，所以他们必须让更多的知识型的员工参与到决策中来，实际上企业不再仅仅需要做一个聪明的高智商的群体。

不断地扩充企业的知识地图，扩大企业的知识型员工的比例，少数精英组成的组织，管理者需要应付的东西实在是太多了，如环境竞争的恶劣、人才之间的竞争、企业之间的竞争。管理层员工属于知识型员工，社会对他们各方面技能的要求很高。同时，他们还需要有比较好的人际网络，所以就使得很多员工不遗余力地工作，方方面面都希望自己做到最好。在这种外界的强大竞争和自身的上进心驱使之下，人们加班加点，以自己的健康做抵押。

其实传统的管理者进入了一个误区，也就是过于看重自己在企业内的地位，不太愿意向自己的下属去请教并且进行平等的沟通，以致压力都是自己一个人扛，或者只有几个人扛，造成身心疲惫，实际上管理者需要自己的下属贡献自己的智慧，且压力是可以传递出去的，而且能够一起扛的人越多，管理者的压力也就小很多。

专家对企业家和管理者减轻压力的建议是：第一，找到自己最主要的压力源，然后抗压，一定要克服压力源，比如，觉得能力不够，就要进修；觉得自己没有很好的管理时间的技巧，就要学习时间管理；有的人不相信下属，不会授权，就要学习授权。

第二，如果这个压力源是不可承受的，就要选择远离压力源，比如休息一段时间，离开这个工作岗位一段时间。研究发现，哪怕有几天的休息时间也是大有裨益的。

第三，要把自己的心态摆平，人的欲望不能太高，不能所有事情都希望成功。换句话来讲，就是要改变对压力的感知，为什么同样的环境，有的人不觉得有压力，有的人就觉得压力很大，这是因为人和人之间对环境的感知不同。

第四，要学会倾诉，找专业人士、自己相信的人倾诉，不要把压力隐藏在心里。

第五，每个人都需要有比较好的社会支持系统，不管是来自家庭，还是来自社会、社团或工作团队，一定要有朋友。

任何目标与压力的问题，最终都要追溯到企业决策问题。所以企业在战略中取得的势能能够让员工在做事的时候更加有成效。

企业所面临的压力是需要整个团队来承担的，不单单仅由某个特定职能部门承担。虽然未必每个员工都会跟企业共同承受压力与困难，但至少尽量团结一致地面对并分担压力，是企业生存与发展的根基。从企业到各级部门，再到每个员工，再到每个员工自我管理过程中所涉及的量化考核，只有制定更高一些的目标，才能保障稍微低一些的目标达成。

目标的设定本身就是一个颇为微妙的事情。太低容易让人懈怠，太高容易让人望而生畏。所以在设定目标的时候，需要遵循稳健而具有前瞻性的原则，不仅要保持积极乐观的思维方式，而且要充分考虑到各方面的负面因素。适度的压力能够帮助自我成长。另外，要随时切记，压力过大时要寻求主管的协助，不要试图一个人把所有压力承担下来。

美国著名组织行为学专家斯蒂芬·P. 罗宾斯认为，压力是一种动态情境，在这种情境中，个体要面对与自己所期望的目标相关的机会、限制及要求，并且这种动态情境所产生的结果被认为是重要而又不确定的。在这一概念中，限制与要求是压力产生的根源。在心理学上，压力作为一种普遍存在的社会心理现象，实质上是指个体在环境中受到各种刺激因素的影响而产生的情绪和身体上的异常反应。

压力无处不在，所以这是企业管理者和所有员工都需要面对的事情。压力是一把双刃剑，是矛盾的综合体，有其积极的一面，同时过度的压力也会带来极大的副作用。有时候也可以适时地给予自己适当的压力，来帮助自己成长。此时必须切记的是，帮助成长才是真正的目的，以避免自己一味地设定过于高远的目标，陷入过大的压力而得到反效果。

第七章

管理"势能"与工作"动能"的转化

管理中，虚与实应对立统一，注重"势"的平衡、借用和操控。

第一节　权威性决定"势能"大小

一、影响权威性的两大因素：权力因素和非权力因素

对于企业管理者而言，在企业里必须有一定的权威性或影响力。影响力偏重于企业的软性实力及非权力的因素。威信是一种非权力性的影响力。一个管理者，由于身在其位，自然有权，有权就可以使下属服从其意志和指挥，但却不一定有威信。而有了威信，同其拥有的权力结合，方能在团队里树立起真正的权威，权力也才能得到更有效的运用。

权力因素能够用掌控类的系统力量驱动人们去做事，非权力因素则在需求双方理解的基础上愿意去做达成目标的事情。二者配合其实是最好的树立管理者权威性的手段。可以这样说，权力是权威的前提，威信则是权威的内在灵魂。在团队中，管理者要树立起真正的权威，除了必须恰当地运用权力的影响力之外，更多地应在非权力性影响力上下功夫。

作为管理者，以自己的才智和能力树立威信，要做的事情有很多。

也许对于管理者来说，真诚和正直的人格魅力是非权力威信的主要来源，德是人的灵魂，品德的力量是一种看不见摸不着的力量，但却能形成强大的心灵感召力和震撼力，它对人们的行为动机的自我检查、行为过程的监督、行为后果的评估起着极大的影响作用。一个管理者如果心术不正，是无法获得权力和非权力因素的平衡的。

管理者之所以能够成为管理者，那是很多年在商业实践中摸爬滚打的结果，拥有合理的知识结构和扎实的专业知识，才能胜任日益复杂化的领导工作。丰富的知识是良好思维的基础，是卓越能力的前提。一个

出色的二号人物，其知识面越广，思路就越宽，制定的决策就会越接近客观实际，可行性也就会越强。企业领导者的威信多建立在多次带领团队取得成功的基础上，没有成功和业绩的领导者，是没有权威性的。

管理者丰富的工作经验、熟练的工作技能以及丰富的社会阅历，是整个知识体系中十分重要的一部分。要把理论知识正确地、充分地运用到实践工作中去，如果缺乏一定的实践知识，显然是不行的，而且有些实践知识，看似对领导工作作用不大，但往往会在工作中起到意想不到的作用。

实战型的管理者从事的工作大都是具体的、专业性的，只有具备扎实的专业知识，才能真正实现"内行领导"。

管理者要把领导良好的愿望变成现实，还必须具备超凡的掌管企业命运的能力。下属是打心眼里钦佩的，而且十分乐意在你的领导下工作，自然在无形中就增加了对管理者的向心力。

管理中权力和非权力的平衡，从树立权威性来说，更加注重才能和软性的性格因素带来的权威性，管理者的精神风貌也是领导权威不可忽视的一个方面，它是管理者内在因素与外在因素的综合体现。良好的精神风貌能给下属带来奋发向上的乐观情绪，朝气蓬勃，给下属以"领头雁"的信赖感。

良好的精神风貌主要取决于管理者要有一个健康的体魄。健康的体魄不仅是完成艰巨的领导工作所需要的，而且是良好的精神风貌所必不可少的。健康的心理寓于健康的体魄之中。身体健康，才能精力旺盛，思维活跃，工作起来才能充满活力。杰克·韦尔奇在选拔高层管理人员的时候就着重强调了一个管理者必须具备健康的体魄和充沛的精力，没有这个因素，解决企业问题的能力就会大打折扣。

作为管理者，职位给予的权力当然非常重要，其实，权力只会在看得到听得到的地方起作用，而看不到听不到的地方则起不到作用了，而非权力的影响力对于其他下属则是发挥了更大的促进作用。

管理者的意志力是非权力因素中的主导因素之一，每个人的言行都是其内在心理活动的外化表现形式，管理者的心理素质对于领导行为、领导效果都有极大的影响。可以这样说，卓越的领导才能来自心理素质，复杂艰巨的领导工作要求管理者具备良好的心理素质。两军相遇勇者胜，说的即是这个道理。该柔的时候柔，该硬的时候硬。

衡量管理者的非权力性影响力最终还是要集中反映到最出色的业绩上。即使你有很好的素养，没有才智，业绩平平，也是难有权威的。因此，管理者一定要努力做出卓有成效的业绩，才能当好企业的领头羊。

二、上司的支持是取得"势能"的关键因素

作为企业的中层管理者，实际上都是企业内独当一面的人物。管理的方向有向上管理，也有向下管理。向上管理也就是从下属的视角去看待整个企业的运营，用自己的智慧协助企业领导者更好的作出决策。

组织内部越是高层次的领导者，花在沟通上的时间越多，越是低层次的领导者，花在实务上的时间越多。加强沟通是基层领导者提升自己最有效的渠道。领导者支持下属的创造性和执行；下属则为企业贡献自己的执行功能，也贡献自己的智慧。

作为领导者的下属，管理者需要做一个有主见的追随者，同样也需要实事求是的精神，在很多事情上能够和自己的上司进行顺畅的沟通。沟通是获得上司支持的一个重要的方法。

企业内的人际关系在本书中提及较少，实际上管理团队的团结，团队中的每一个人都有相互沟通，团结团队的责任，做企业内的积极参与者，要获得上司的支持，就要支持上司，在这样的对称支持过程中去提要求，去建议。尊重上司和尊重下属同样重要，这也是一种平衡关系。

在一个执行良好的企业中，人际的相互支持是很重要的，这种支持有工作上的支持，也有精神上的支持。在企业内通常会有这样一类人，

他们对领导或组织非常在乎，他们渴望并投入精力积极参与，他们会非常努力地支持或反对。这类积极支持并同样忠诚的人往往会被包括在领导者的小圈子里，因为他们会付出常人不能付出的长时间和巨大精力的支持。这样的员工和管理者当然能够得到上司的支持，也能够成为企业系统中重要的成员。

一个人在企业组织中的地位，就要看这个人为企业做了什么，很多的事情是做得越多，影响力就会越大，特别是有关企业决策的事务，中层管理者需要参与，这不是企业领导者一个人的事情，而是团队的事情。在企业决策的事情上支持了上司，上司也会支持下属去做更多的事情。

一个好的追随者总是能够花时间和精力来了解他们的领导本身和领导的决定，从而采取不同的行动。他们会积极跟随好的领导者，也会积极反对不合事理的决定和领导，也就是我们常说的根据不同的情况采取不同的行动。

一些企业通常会在一个产品周期结束后做一些组织上的调整，员工也会因为变换部门而变换领导，处理好和领导的关系无疑是对自己应变能力的一个挑战。明白自己的领导在想什么和做什么，积极沟通个人的想法并成为积极的参与者无疑是创造双赢机会的重要条件。

联想集团前总裁柳传志在培养杨元庆的过程中就发现，企业在寻求变革的过程中，杨元庆是一个很积极的参与者，而且他参与的时候总能够给团队带来一些有价值的东西。柳传志觉得杨元庆这个人儒雅，并且坚定，对于市场很多的想法和提议经验证都是正确的，这样对领导者的支持，使得柳和杨二人在很多事情都能够相互理解和支持，在价值观上也趋于统一。杨元庆在联想工作近二十年，这里面很多的事情都跟领导者的支持分不开。

实际上上司也是需要支持的，用支持上司的行动来获得上司的向下支持，这是一个比较好的路径。对于一个善于学习的管理者来说，跟上司之间的交流和沟通是难得的成长过程。

一个不能主动为自己争取机会的人，即使哪一天幸运降临得以提升，在具体工作中也会墨守成规难成大事。好运气并不是凭空而降的，有时候是靠自己的努力争取而来的，馅饼不会自动掉到你的碗里，而是靠你自己主动争取。

在工作中，与上司联络感情的机会很多，关键在于员工愿不愿意争取、抓住，每一个机会都可以加深与领导的感情。那些积极主动的人总能够得到更好的资源，能够获得机会，让自己发挥所长，实现自己的抱负。

三、增大"势能"的"挂靠法则"

企业做经营，一定要站在一个好位置上。如果将企业经营比喻成行船的话，我们能够顺风顺水，为什么要逆风逆水？选择是战略问题，战略问题决定了企业所处的位置，也决定了企业经营势能的大小。

管理中，虚与实的对立统一，"势"的平衡、借用和操控，实际上是一门学问。对于当下的企业经营环境，已经远远超越了以往的市场环境。这种变化使得企业本身很难独立自主的去运营，而是越来越成为更大经济体系的一部分。

所以，管理者只是做好企业内部的人际协调和事务协调问题是不够的，现在，所有的企业都处于一个开放的体系中，没有企业能够独善其身，也就是说，企业内的任何一个人都无法独善其身，这就要求管理者到企业的外部重新去组织资源。这考验着整个企业的智慧。

企业的位置在哪里？这是管理者一直在思考的问题，思考是因，如果付诸行动，就能够产生果。企业站在哪里，就意味着自己会有多大的发展空间，这就是企业发展的势能，企业的选择决定了企业的未来。

一流的管理者会将自己的事业挂靠在趋势之上，这就是"挂靠法则"。企业管理者必须学会做正确的事情，追求总体的天时地利人和。管理者在做事的时候，一定需要有前瞻性。好比在山里建房子，首先需要找好位置，如果在地基不牢的地方加盖的话，则整个房子在雨季就会很危险，这就是企业面对变革时候的思考，企业需要将自己建立在正确的牢固的基座之上。在企业内，这不仅仅是领导者一个人的事情，所有能够觉察到危险的管理者和员工都应该在企业选"位置"的时候贡献自己的智慧。

内部驱动的管理模式在现今已经落伍了，内部管理只是企业运营的基础。企业必须开始外向化，实现内外同时驱动，只有整合外部优势资源才能够具备一流的竞争能力，企业需要积蓄势能，将自己的事业连接到竞争力最强的价值链之上。

企业需要做的就是在价值链上找准最有价值的位置，最好能够成为价值链的链主，企业管理团队需要朝这样的方向去努力，而不是对整个企业的战略运营情况不睬不理，只专注于自己的一小片天地。

挂靠法则的真正意图就是企业从领导者到管理者，再到普通员工，都要学会向优势资源靠拢，在企业擅长的地方积蓄实力，而不是耗散实力，这样也就达到了势能提升的目的。

势能的产生需要一个初始条件，那就是这些人具备一定的战略资产。企业领导者必须为企业找到自己的战略资产，这是企业能够在价值链上生存的根本条件。企业的管理团队成员面对公司战略资产的时候，都需要有将企业能力继续进行提升的观念。因为这样才是企业真正的战略优势和战略势能。只有势能存在，客户的需求才会迅速成为企业利润的拉动力。

第二节 有"势能"才能产生"动能"

一、人都很"俗气",所以"人微"也就"言轻"

企业是不能俗气的,企业家是不能俗气的,俗气实际上就是眼界太差,现在企业的管理者不仅需要有能力,也需要有眼界。而且能力越强,越依赖于眼界的拓展。没有眼界,也就不能分辨机会。所以,做企业拼的就是眼界。

位高权重者的影响力实际上来自职位权力的势能,他们能够凭借自己的权位作更多的决策,我们在讨论企业管理者的时候,总是倾向于将企业管理者看做是一个完人,或者用一个完人的要素来要求管理者。人们普遍认为作为一个管理者应该博学多识、通情达理、能力完备、灵活多变、公道正直、以身作则、铁面无私、赏罚严明、敢负责任、敢担风险等。一个掌控大局的人理应具有统筹全局的领导力,深刻敏锐的洞察力,足智多谋的决断力,以人为本的组织号召力,同时还要具备雄心大志,广博的知识,高瞻远瞩,从善如流、宽以待人的气度,以及敢于突破、创新的冒险精神等,这样才能稳坐军帐中,大权在握,驾驭全局。总之,任何好词都可以用在领袖身上,这当然是一种文宣策略。

事实上,这是在金字塔式的管理体制中的管理者,企业内部的管理势能是足够的,领导者拥有很大的权力,依靠行政命令就能够做很多事情。在东方的企业中,执行力不是问题,人们总是倾向于管理者和领导者是正确的。忠诚在东方被认为是美德和一种社会规范,企业内部的管理势能不一定能够适应外部环境的突然变化,但独裁型的领导文化实际上影响了企业内部势能向企业运营动能的转化。

日本人十分强调等级观念，这种强调等级观念的部分原因，是日本的权力世袭和贵族统治具有很悠久的历史。在七八世纪时，日本虽然借鉴和引进了中国的官僚统治制度，但却没有采用中国那套通过科举考试选拔官员的做法，而是继续沿用所有等级和社会地位均由家庭出身决定的本国传统做法。

现在日本企业管理过程中，还是有着严格的等级制度，在日本的政府部门和大企业，按年龄组成的团体加强了等级差别，同一年进来的人组成了一个等级，在他们大部分任职期间几乎同时晋级加薪，在资历上仅差一两年的所谓"前辈""后辈"的称呼，实际上就是一种等级的标志。

等级观念在组织中年轻人的机会比较少，这对于年轻人的创造力来说是一个打击。这是一种尊老的文化，对于快节奏的现代竞争来说，金字塔式的组织有其内部的运作势能，但是在企业的外部已经显示出了这种管理方式的局限性。

中国有一家制药公司，为了和一家日本公司谈生意，派了一组二三十岁的"神童"来谈判，其中还有一名女性，但遭到了一连串刁难并导致不欢而散。于是，他们便向我征求意见，试图找到失败的原因。

于是专家向他们建议，谈判代表团中应包括一位有25年工龄并至少是公司副总经理的领导人。中方出了个副总裁后，日方随即采取了积极的态度。日本不喜欢跟年轻人谈判，因为日本人从来不让一个工龄不足15年或20年的人员代表公司说话。除了日本看重年长者外，另一个因素是他们不相信年轻的管理人员有真正的权力。所以他们认为与年轻人谈判是浪费时间，同时也有失他们的尊严。

强烈的等级观念往往使人联想到强有力的、几乎是传统的统治。但是，日本的情况并非如此。事实上，日本的等级观念并没有造成如某些社会那种因地位不同而产生的紧张气氛和不满情绪。日本人的等级主要是"论资排辈"，身居高位的只是那些按年资提升上去的长者，而不是篡权夺位的人。今天，在日本企业中，虽然抱怨老年人阻碍青年人晋升的不满之声时有所闻，但总的来说，日本人传统的等级观念还是非常适用于目前这个基本上平等的社会的。因此，它仍然是当代日本社会中一个主要的和很起作用的特点。

日本的企业文化就是要告诉年轻的员工，成长需要忍耐，没有忍耐和坚持其实是做不好事情的，日本企业的管理架构实际上已经影响了日本企业的技术创新，日本的年轻人需要很多年的忍耐，长期处于一种人微言轻的状态。实际上，现在的经营环境和以往是不同的，信息和知识体系是开放的，一个年轻人的创造力得到发挥的话，不一定就逊色于经验丰富的老员工。但是在这样的企业中，需要慢慢的积累能量，学会服从，这是优势，但也是劣势。

企业的创新势能需要根据企业的战略能力的长项继续探索，每一个企业的员工都需要为企业的竞争优势领域作出贡献，人微不言轻，就需要势能的积累，要善于借助平台的力量。很多欧美公司的管理方式尊重个体的努力，他们视企业的势能在企业的外部而不在内部，只有具备全球一流的竞争能力，势能向动能的转化才能比较容易。

二、以什么理由、形式和模式"发号施令"相当重要

管理者如何驱动企业已经是一个迫切的问题，企业中谈论最多的就是领导力的问题。领导力实际上不是一个静态的东西，而是一个动态的东西，要求管理者能够因时而变。企业管理者在新的条件下该如何去领导员工呢？

美国一项研究证实，自私又好斗的人是天生的领导人物。无私的人则是一流的喽啰。

西北大学商学院、斯坦福大学商学研究所和卡内基梅隆大学商学院找人做了一连串的实验。结果显示，好心、大方的人很受欢迎，但是大家都不觉得他们是领导。而公认的领袖人物都是自私、好斗的人。西北大学的李文斯顿教授解释，人类都喜欢被人控制。自私的人让人感觉他有控制的能力，当然就是领袖人物了。他说，人类在下意识里都认为好心就等于懦弱，而自私代表控制欲，有控制欲则具备了领袖魅力。

尽管这样的研究结论会让我们感到不适应，不理解管理者魅力的内核竟然是这样，然而在竞争激烈的市场中，无谓的仁慈是解决不了问题的，我们讨厌企业中的政治，但是我们逃避不了企业的政治。企业管理者必须全力掌控企业，让企业团队自觉的跟随自己的思考起舞，让自己思考中的目标转化为商业行动。商场是现实的，市场竞争的胜利者才能获得成长的机会。在企业的运营过程中，只要领袖使用的手段在法律允许的范围之内，那么我们可以认为这是企业领袖领导能力的一种体现。

企业管理者以什么理由、形式和模式"发号施令"相当重要，虽然企业是无比现实的，但是企业还是需要给予员工一定的安全感。一个人心惶惶的企业显然是压力有余，而正能量不足，也就没有足够的内部管理势能。

不能提供一点庇护，没有人情味的企业组织，员工会时刻想要逃离，只要员工有选择，那么他们就会选择弃企业而去，所以，在当下可以充分选择的情况之下，企业员工的流动性比较大，基层员工和高层员工都可能发生这样的逃离现象。

美国很多在中国的合资企业，比如思科、麦斯威尔等，员工爱人看病和孩子看病的医药费都是可以报销的，在一般的企业家看来，这是不可理喻的，实际上企业提供的是一个归属和庇护感，能够让员工安心工作，妥善解决员工的后顾之忧，这就是一流企业的作风，秉持很好人文氛围的企业能够稳住人才，使人才贡献自己的智慧，让企业成为一个充分发挥个人长处的地方。世界一流企业当然有世界一流的管理模式。

对员工实行个性化对待，多想员工的需求，就是在积累管理势能，为的是员工能够更好地将自己的能力变成企业发展的动力。春秋孙子云："上下同欲者胜。"作为统筹大局的人，如何让来自五湖四海的人聚集在他周围，听任指挥，确实是一门学问。领导是一种指挥和控制行为，是领导者对被领导者产生影响的过程。

企业管理者会面临目标和手段的问题。因为任何一件事情，人际的摩擦力总是在损耗企业有限的资源，企业管理者制定的策略在这样的人际摩擦中最容易被内耗掉，这就会出现领导者带不动团队和组织的情况。

管理者看到了企业面临的危险，但是并不能够做到企业组织"头过身就过"。对于一个企业来说，管理者的适应能力并不是企业整个组织的适应能力，而管理者的能力就在于使整个企业都具有超凡的适应能力。为企业发展积蓄硬实力，最重要的，就是要建立软性的实力，实现管理能量向市场价值的转化。

三、管理过程中"借势"的技巧和方法

在中国语言里，有很多"借"字，如"借鸡生蛋""借船出海""借东风"等，卓越的管理者要善借身外之物。所谓借力就是借势、借物、借财、借才、借人等所有行为，包括内借和外借。荀子曰："君子生非异也，善假于物也。"

经营企业其实就是一个借势的过程，问题是跟谁借，怎么借。

借机会、借钱、借智慧是企业发展借势的主要方式。

联想集团在"贸工技"阶段，同样也是借代理国外品牌来积累市场经验和第一桶金；接着又借中国计算机所的科研力量开发新产品。当联想强大之后，想走向世界时，也同样用借的方式，收购 IBM 的 PC 部门，实现国际化战略。2005 年 5 月，新联想成立后又借助奥运会推波助澜，稳固其在全球 PC 霸主的地位。联想的每一步，同样都是随势而动，借势前进。

大型企业推出的新业务，肯定有他们没有能够做好的地方，必然会有许多新的他所没有注意到或无暇顾及的赢利点。善于借势的人，就会让大企业去付市场的开拓费用，而自己可以轻松地跟着他们来赚钱。所以，密切注意大企业的行动以及所引起的市场新变化，是现代商业"借势战略"的一个重要内容。在创业之初，微软几乎无偿地向 IBM 提供最初的软件系统，但随着 IBM 销售的扩大，它却占据了软件市场的统领地位，获得了自己的发展空间。

企业运作中有借机会的，也有借钱的。融资共赢是任何企业发展壮大过程中必须要做的事情，融资是典型的借势行为。企业经营所用的资金主要有两个来源，股东投入和外部借入。无论是股东投入还是外部借入，证券市场都是一个非常重要的场所。在证券市场上，企业可以通过发行股票、增发股票、配股、发行标准债券或可转股债券等多种方式融入资金，帮助企业迅速发展。公司股票的售价是参考同类型公司市场市盈率来定价的，因此，企业的融资额与企业的赢利密切相关，公司赢利越高，集资额越高，且具有倍数效应。相反，亏损的公司是找不到投资者的。如果想要筹集到比较多的资金，企业就必须要有好的业绩。所以，能够融资的公司实际上是需要有战略能力的，战略能力产生战略势能，势能转化为企业前进的动能，这是很多企业获得高速发展的关键。

管理层的诚信对企业融资具有决定性的影响，所以诚信在企业中也是一种经营势能，很多说教都认为无商不奸，其实企业在作奸的时候也就走了捷径，走了捷径以后也就丧失了对企业战略能力的关注和积累。

诚信是企业内部的势能挖掘，企业的管理者在企业经营过程中，内部很多硬性的资源都是固定或者变数比较小，只有人的智力资源是最大的变数。所以，现在一流的企业都是非常善于进行知识管理的企业，一个企业期待共享知识的时候，也就能够提升自己企业的知识，这是产生战略势能的地方。地势越高，势能越大。在企业内部推行知识管理，也要寻找企业积蓄了大势能的"高地"，善于借势、引势，同时也相机造势，推动知识分享的氛围持续高涨，直至深入人心，成为习惯的东西。

龙湖地产老总吴亚军把总结和分享作为自己的一个习惯，并汇总到知识管理系统中去积极分享她对企业战略、文化等方面的话题。吴亚军在平台上分享了十多篇案例文章。在自己做的同时，她也积极推动公司其他员工头脑里经验教训等隐性知识的挖掘，沉淀到龙湖知识管理平台上的案例最高可以获得1000分的积分，按照他们的兑换规则，一篇案例文章最多可以兑换1万元现金。这样的激励机制激励基层的员工积极贡献自己的经验心得和工作技巧，其中的一些被固化到企业标准化的制度流程中，并向其他项目，甚至全集团推广应用。

有战略能力的企业一定是一个聪明的企业，知识管理是企业战略势能的主要管理形式，这是为什么很多优秀企业人才辈出的原因。管理者奖励企业内主动推动积累、总结和分享的中层领导，这有利于企业内员工能力的提升，群体能力的提升对于企业的经营会有莫大的帮助。

提升企业的战略能力，不能忽视年轻人的力量，企业内最具活力和最具创新意识的年轻员工。这一群人心态开放，生气勃勃，信息面宽广，有着极强的求知欲，爱思考，爱创新，最善于接受新鲜事物。他们是极具气场和强烈感染力的一群人。他们如果爱上知识管理，企业的知识管理就成功了一大半。因此，知识管理的规划和设计，都必须考虑他们的关注点，他们的兴趣和爱好。企业必须认识到，现在企业内能够引领变革的力量就在人的身上，认识到这一点，就能够实现战略能力的积累。

第三节　做管理，不能太"实在"

一、管理是一种专业能力，不仅是由职位决定的

做管理，不能仅仅依靠车间里面轰响的机器，而是注重人的集合，只有将人看做资产才会投资于人，这完全是思维方式的问题。一个出色的领导者，绝不会跟机器待在一起，而是和最出色的人才待在一起。

做管理不要太注重实物资产，最重要的是珍惜人才，合理使用人才，而不要太实在了，觉得车间和厂房以及其他的实物资产才是自己能够掌控的东西。要知道能够开拓新局，实现企业战略能力提升的永远是人。

在中国大部分的企业中，老板的价值观引领着企业的价值观，老板的思路决定着企业的战略方向。老板透彻的认识、强有力的推动和身体力行的参与，是持续推动企业发展的源头动力。领导者会最大化地感染和带动企业各级领导和员工。这是企业的一般管理模式。

企业领导者的价值观实际上就是企业的文化基因，依赖个人的见地，如果领导者的思路对了，那么对企业是有益的，如果领导者对企业价值的判断出现了偏差，就代表着一个企业失去了市场的理念引导能力，极有可能引起经营的衰败。

下一个社会的变革已经到来，企业的发展状态已从单线变成了多线交叉，这是现在生意难做的主要原因，没有多少企业敢懈怠，即使兢兢业业，也可能得不到好结果。趋势虽然不是一个企业管理者可以左右的，但是至少让人知道自己脚下的方寸之地不会被下一轮的社会变革大

潮所冲毁，在下一个社会里，为自己找到一个最大的海啸也到达不了的地方。

管理者现在需要驾驭的企业是一个更加复杂的系统，比以往任何时候的要求都高。在下一个社会里，逻辑思维依然很重要，它能让我们继续用合理性这样的视角来看待这个世界；同时，在国内，我们也需要一种跳脱的思维，因为在变革时期的国家里，并不是所有的东西都有章可循，并不是所有的商业都依循商业规则，也并不是所有的事情都符合逻辑。理性地看待发展，看待变革，做建设性的事情，做建设性的思考，做建设性的行动。

管理是一种专业能力，不仅仅是由职位决定的。所以不能再以以往的逻辑来看待管理，网络经济时代需要一种完全不同于以往的管理能力。首先就是信息的透明，买家和卖家的信息已经趋向于对称，顾客知道你的成本线在哪儿，也会知道产品如果界定质量。在这种情形之下。商家利用信息不对称的优势获取暴利和宰客的机会已经变得异常困难。

以后任何企业都将面对完全信息化的市场环境，可以这么说，电子商务还没有真正到来，但是网络信息传播已经帮助实体经济领域基本消灭了暴利。微利时代将永久取代暴利时代。所有的商家想一想，生意从什么时候开始变得难做，就会明白这是电子商务给传统商家的第一个下马威。

如何在这个时代去获取超额的利润？这样的机会不是没有，而是越来越高端，高额利润只属于产业金字塔的塔端，面对这样的经营环境，作为管理者需要有冲击顶端的勇气。如果没有一条走向山顶的路，那么企业的生存就会比较困难。

任何企业都是知识型的企业，没有一流的知识创造，热衷于人际关系的捷径是没有长久的竞争力的。一位复合型的管理者和一群复合型的管理者实际上都是企业重新上路的保证。因此，知识管理文化推动首要的工作就是思考如何"管理老板"，策动老板的全情投入，领导者驱动型的企业结构变成上下同欲的新的管理结构。

管理者是一种能力，因为任何事情还需要一种黏合剂，而管理者实际上就是起到黏合剂的作用，管理者必须有出色的沟通能力。对于成千上万人的企业组织，领导者思考的事情总是将企业看作一个整体。做大事者要谋大事、抓大事，从整体出发，进行系统分析，统筹兼顾，全面安排，高瞻远瞩地规划全局，做到胸怀大局，同时顺应时代潮流，面向世界，面向未来，审时度势，抓住机遇，在不断变幻的环境中，迎接挑战，作出正确的战略决策。

二、管理者要学会平衡各种关系和利益

管理者要学会平衡各方面的关系和利益，生意上对买家有利的事情，对卖家不一定是好事。因为一买一卖的过程中存在着利益的博弈，这是商业常识。对自己有利的事情不一定对下属有利，很多事情之间都有一个平衡点。下一个社会还是和传统社会一样，是守规则的人和不守规则的人之间的群体博弈。因为电子商务改变不了的是人性，我们不需要圣人，但是需要新的经济制度的创立和维护，而企业家就是新制度的创立者。

现在，中国企业面临着十分复杂的运营状况，信息化对于很多企业来说，与其说是一种机遇，不如说是一种冲击，很多人将电子商务当作一种产业，其实电子商务代表着一种新的商业时代，是一个全局性的商务变革。一个企业虽然可以离网络远远的，但是他们却不能摆脱电子商务对他们的影响，因为企业的客户会到网络上查询竞争对手的市场报价，了解商品知识，然后转过身来跟我们谈条件。这种客户关系的处理是以前的管理者所没有遇到过的。

商业环境是资金流，信息流和物流组合而成的综合环境，每个要素的改变都会影响另外两个流的走向。互联网让一般的商业信息变得唾手

可得，这必然会影响到资金流和物流的走向，所以现在电子商务企业为完善物流和资金流在不断地努力。对于企业管理者来说，就需要重新去分配企业的资源，并且要学会平衡各种关系和利益，在新旧的商业模式转换的时候，平衡好企业内的各种资源。

在新的环境之下经营企业，管理已经偏向于顾客管理，企业内部的管理虽然很好，但是内外的融合已经成为不可抗拒的趋势。企业管理者需要变革，不仅需要调动企业的显性的资源，还要调动企业隐性的资源。企业只要还存在，那么就还有一个隐系统在运作，它们在同样发生作用，它和显性系统同样重要，缺一不可，因为这个由巨大无比的潜意识构成的隐秘系统，足够创造与摧毁一切。如果这隐和显两套系统能够融为一体，相融共生，这个企业是必定要成功的。这对创业者以及新品牌的建立而言，非常非常重要，因为初始的事物往往太微弱，更容易失败。

企业在经营过程中，随着经营重心的前移，企业内部的资源平衡问题就是一个挑战。以公司的营销渠道为例，企业需要对线下渠道和线上渠道进行平衡，但是这种平衡不是线下渠道内生的，而是企业管理者在发挥自己的领导力作出的前瞻性决策。

以后很多企业都变成电子商务的企业，企业资源需要按照市场进行重新调配，真正的电子商务绝不是无根之木，它应与实体相结合，不能脱离现实。如果我们认真观察就会发现，西方发达国家的电子商务有一个特点，那就是其网上虚拟销售额排名前十位的网店与实体销售额排名前十位的企业大部分吻合。

也就是说，管理者在今后遇到的问题就是企业结构的重新设计和平衡，进行企业核心竞争力的建设。低水平竞争的结果，必然让中小企业整体经营状况出现维持性局面，企业很难靠一点局部变革就能取得有利的竞争优势。

网络的普及，使得个人买家大量的把握商品信息，这是对原有商业秩序的一种破坏，创新本身就是一种创造性的破坏。只不过电子商务的破坏是根本性的，全局性的。德鲁克说，电子商务哪怕只占到整个商业的一个零头，就足以对整个商业产生全局性的影响。这种十几年前的预言，正在成为当下的现实。一个很简单的案例就可以说明，在淘宝网，一双某品牌的女式靴子报价 300 元，在实体店里却是 390 元，两者相差90 元，刨去网购快递费用 10 元，两者差价是 80 元。正是这些看似平常的算计，使得中国网购规模已经达到万亿元以上。很多购买者将实体店变成了体验店，也就有了"实体店试穿，网络店购买"的消费习惯。那些实体的店铺不做新的资源平衡，结果可想而知。

现在，习惯于网络购物的主妇早就在使用这样的方式进行购物了，这使得很多实体店成为冤大头，为网络购买行为做义务劳动。现在这样的购买行为甚至影响到奢侈品领域，有很多的奢侈品品牌也加入到电子商务的大潮中。其实，其背后的逻辑和普通网购并没有什么两样。

可以这样讲，由于互联网的发展，改变了企业的信息环境，现在处于半信息化的环境之下，企业渠道运营方面都有一点精神分裂症的早期症状。戏谑一点的说法是，传统渠道是妻子，网络渠道是情人，企业在两者之间摇摆，倒向哪一边都很难做决断。但是情人正在步步蚕食妻子的地盘，两者竞争态势的落差明显。不做电子商务会失掉未来，不做电子商务但电子商务的影响还是继续存在，所以企业内部需要抵制住保守派的反对，将一部分资源投入到新的渠道中，这是利益关系的重新平衡。

电子商务的新的局面还没有形成，就像太阳系的形成之初的状态，那里布满了大大小小的尘埃，当大大小小的力量聚集的时候，会留下几个主要的大行星。电子商务的格局也是如此，电子商务不能灭掉所有的小企业，但是它肯定会将所有的小企业纳入到大的力量体系之中。电子商务所带来的行业集中度，肯定比传统商业的集中度更高，电子商务的门槛会越来越高，它会在某种程度上重构产品的交付体系，引起整个商业架构的变革。所以企业不得不面对这样的经营局面，去做新的平衡，有时候，需要主动放弃一些阵地，这虽然损失了一部分的利益，但是总比全军覆没强得多。

在趋势面前，管理者其实是没有多少机会选择的。因为这是环境的变化所致，除非垄断性的国有企业，现在没有什么企业能够逃得过环境的变迁。管理者在现在和未来的平衡，是一个永远的跷跷板游戏。

三、管理者要有自己的个性，但不能"太有个性"

作为企业的管理者，有自己坚持的价值观和底线，这是自己的个性，但是如果过分的坚持自己的意见，不接纳外来的东西，这样就可能变成一个刚愎自用的人，对于自己的个性，管理者自己有时候也是无法控制的，需要做到的就是一个平衡的问题，既要敢于坚持自己的观点，也要适当的保持自己的灵活性，而作判断的唯一基础就是事实，在没有碰触到事实之前，请不要作决定。这是领导学的基础原则。

德鲁克在研究了很多不同性格的管理者之后认为，性格和个性并不是决定人成为管理者的关键因素，一个关键的因素就是能够根据事实作决策，因为领导者的主要功能就是作决策，一个能够作出很好决策的管理者已经是一个好的管理者了。所以，很多内向的人总是会怀疑自己不是合格的管理者，实际上这不是主导因素。领导者多数都是内省型的人，也就是说，他们是能够自我剖析的人。

到底什么样的人才能成为合格的管理者？前人已经做过系统的研究，得出的结论和我们一般认为的管理者的特质是不一样的。人们确实会崇拜一个强势的控制一切的管理者，按照研究的成果，领导者在任何时候都不应该表现出懦弱的一面，无论遇到什么样的情况，都需要信心满满。在企业中，企业管理者的这个形象需要被放大，印刻在员工的意识之中，让员工意识到这就是自己的领导者。坚强有力的管理者才能成为有效的领导者。

管理者的"个性"实际上可以是表面现象，这个也可以说是管理者的管理技巧吧！对于一个成熟的人来说，个性只在自己的内心，而外在的表现则是一个人的管理面具。在面具之下，管理者收拾起自己的本我，变成了企业的一个功能单位。露在外面的实际上并不是自己。但是会尽量的贴近一个完美的管理者。

企业管理者虽然在个性上不一定就是我们认为的那样完美。企业在未来的发展更加依赖于自己的外界的形象塑造，企业形象在未来会和企业财富之间有更大的关联。企业管理者因自私而创业，为了获得个人自我价值的实现，但是在这个过程中，企业管理者会逐步认识到顾客才是决定自己未来的力量，所以出色的管理者会将自己"自私"一面引向"利他"的一面，在转变的过程中，企业管理者也就变成了社会价值和商业价值的双重实现者，将自己企业的信仰和顾客价值紧紧的捆绑在一起。

其实管理者的个性就是妥协，管理学一般的原则是，在企业里管理者没有朋友，而在其他的事情上，管理者可以是一个有感情的人，但是任何感情用事的行为都会带来判断上的偏颇。这不是个性的问题，而是管理原则的问题。

很多企业管理者是一个张扬的人，表现出太多的我行我素，在工作场所表现了太多的个人喜好，这都没有关系，但是一定要跟自己的工作分开。当然，每个人都会通过心灵的提升来改变自己的个性。管理者的个性随着自己的修为的精深而变成一个更高的自我，所以个性有时候只是阶段性，带有企业家性格的管理者是能够不断自我成长的人。

在转变的过程中，企业领袖的心灵也悄然发生了一场革命，今天的企业领袖越来越愿意放弃以自我为中心，转向对真善美的追求，越来越愿意放弃"为所欲为的自由"，而接受自己内心信仰的约束。

人性美好的一面终究会战胜自身的缺陷，这也是一种管理者自身的境界提升。在经过这样的提升之后，企业的目标开始和顾客紧密相连，而跟顾客紧密相连，就意味着企业管理者能够和顾客进行心灵的互动，这样的话企业就具有了超强的适应能力，企业的奋斗目标始于顾客的心灵终于顾客的心灵，而企业管理者就变成了顾客心灵的导师，这样的经营随着顾客的需求起舞，当然也就能够具有出色适应能力了。个性是可以通过个人的修为进行转变的，如果管理者一直处于面具之下，那样的生活也会累，一旦进入了一个境界的话，身心就会在另一个层面上统一。这些人能够不断地控制自我，实现进步，成为出色的企业管理者。

第八章

团队内外张力的平衡和控制

平衡管理思维在团队行政管控中的指导和运作十分重要。

第一节　管理者要"不左不右"，
充当"中间派"

一、从"党外有党，党内有派"谈起

有组织的地方就有亲疏关系，这是一种社会亚文化，虽然人们都希望自己的企业亲如一家，实际上这是不可能的。在人群中，人们因为利益和时间分配的不平均，会产生一定的亲疏关系，从国家领袖到每一个个体，都是这样依据个人的远近来处理一些事情的。

亲疏关系在利益集团中会形成山头文化。所谓"山头文化"就是指某一集体中的一部分人员组成一个以共同利益为基础的同盟，就如同占山头一样，在企业中形成一股股无形的力量，而其产生的效果往往是牵一发而动全身。

山头文化在企业中很多，一般管理者总想直接坚决打掉，但是这样的山头永远都不会消失，任何企业中，因为利益和价值观的不同，都会形成一些非正式团体，也就是"派系"。各派系之间的良性竞争，对组织和公司的发展都是有益的，但如果这些非正式组织将团体的利益凌驾于公司的利益之上，就会影响企业的正常决策和政策的执行，危及企业的健康发展。

企业内部如果出现破坏性的派系，企业管理者还是秉持一种制衡管理的原则，那就犯了一个原则性的错误。制衡在企业内必须是建设性的，而不是破坏性的。

管理者要"不左不右"，充当"中间派"，这是有条件的。首先，管理者要做一个建设性的平衡者，将企业内良性竞争的派系保留下来，其实是一个很好的管理方式。引导各方聚焦企业的战略目标；以制度约束各方的行为；靠沟通实现各部门之间的良好合作。不过，无论哪一个平衡管理的方式，变革部门还是主要发挥领导力。

企业内部在不同的部门会有不同的管理方式，在营销部门这种内部竞争制衡的机制是使用最多的。比如营销部门有矛盾，管理者就厘清营销部门的派系，让员工自己站队，强的给予更大的经济支持，弱的批评和惩罚。不要求营销部门之间一团和气，如果能够激发几个营销经理之间的竞争意识，那是管理者最想得到的状态。如何长时间的维持这个局面，是管理者的难题。

管理者要尽量做到公平、公正，而不能以个人好恶来做管理，但是怎么样才能将个人好恶完全丢弃呢？管理最好靠制度，靠规则。就像做游戏，应该先给每个参与者讲清楚游戏规则。我们是通过部门之间的竞争来实现内部竞争的，有一家公司在每个销售周期基本上都有这样的活动，我们称之为部门之间的竞争。首先是实力差不多的部门先制定一个游戏规则，再按照业绩多少，由负方给胜出方一定数额的奖金或者奖品。有时候也不完全是实力差不多的部门，也可以部门联合，通过一定的方法，给实际销售量乘以一个系数，然后再来比较，这样的比赛是公平的，因为是经双方同意的，并且具体的奖惩数额双方自愿。通过这样的方式，部门之间的竞争就开始了。

管理者在这个过程需要做一个游戏规则的制定者，但最好还是要控制好斗而不破的局面，很多时候企业管理者根本就管理不好这种平衡，所以显性的竞争式的管理在实践中如何维持均衡是很重要的管理技巧。战略传递上的不清晰、责任不明、架构混乱和制度不全都是造成内斗的重要原因。有效的应对方法是：明确责任，健全内部制度。

内部的派系竞争，竞争归竞争，但是对于不利于企业目标实现的行为，企业领导者要能够及时地予以纠正，明确自己的态度和倾向，并在绩效考核上有所体现。企业内的各派别将自身利益置于企业的利益之上，是因为企业的目标不明确，或者各派别没有聚焦于企业发展的目标。这就需要企业的领导者不仅要制定明确的战略目标，而且要让每个管理人员和员工都明白这个目标，引领员工朝着共同的目标努力。

因此，企业要设计出科学而合理的流程，在不同的副总裁之间划分明确的管理权限和职责，尽量减少交叉，该由谁管理就由谁负责。明确责任能减少各派别人员互相推诿责任的情况发生。

二、激情主义者只适合做中下层管理者

在企业中，激情主义者可能会大量存在，在营销部门的中低层管理者中，缺乏独立思考能力的激情主义者其实是比较好的执行人。在企业中不仅需要杰出的人才，也需要一般的员工，而且，执行一个大事业必须要能够驱动普通劳动者，仅仅少数的杰出人才只能做出研发的成果，提出伟大的创想，但是在执行层面上则能够驱动"傻瓜"，那些能够在平凡的岗位上将自己的工作做到位的人。

如果赚钱的方法很复杂，只有少数高级人才能够胜任，这样的企业一定做不大，因为它无法驱动大量的人为你干活，而且企业成本也会很高，最后不赚钱。这是企业运营的一般规律，企业管理者需要团结高端的团队，也需要有梯次的人力资源群体，执行企业的战略方针。

企业管理者在领导一般员工的时候要表现出自己的激情，不但要具有管理者的系统能力，也要学会做一个激情的人。学会用员工的语言领导他们，马云的领导风格就比较特别，其实他是一个战略至上的人，他自己最想做的人是风清扬，脱离经营行为，让企业经营成为一种境界。但是马云在经营的过程中，却做了一个十足的激情主义者。他能够用自己的激情和鼓动能力组成攻占市场的铁军，20000多人的团队不一定都

是高端人才的集合体，绝大部分的员工都是天资一般，能力一般的人，但是无数的工作都是他们去完成的。阿里巴巴需要发展，就需要这些战斗在一线的营销队伍。

阿里巴巴的员工很有激情，这当然跟企业领导层的领导风格有很大的关系。马云知道自己要什么，应该说，他不是一个激情主义者，但是他需要在外在的领导风格上变成一个激情主义者，这样的风格是自己的员工和顾客所接受并喜爱的。管理者激情不激情都是内心的事情，对于事情的判断是理性的事情，但是激情是一种领导风格，热情当然是有价值的。热情和激情对于顾客也是能够产生感染力的。

中层管理者最好是有激情的人，所以已经在国内疯狂十年的成功学依然是那样的火热，很多企业都是有周期性的员工培训，排除掉技术工程类的专业技术培训之外，很大一部分都是激情培训和成功学的培训，使得员工在工作中充满斗志。他们在企业中可以被培养成真正的激情主义者，在企业中，战略和执行是两个层面的事情，执行者对于战略的认识实际上都是表面的，只有企业的最高管理层。作为企业的战略策划者，他们内心的动机才是企业运营的真实目的，但是，在企业传达的过程中，需要用更崇高的理由、激情，有时候就是一种领导的方式，在管理者手中，就是一种管理工具。

真的激情主义者实际上缺少对企业全局的全景式的视野，他们是企业最好的执行者，然而却不是好的决策者，我们在企业做培训的过程中，对于中层的管理者和普通的员工，不需要去讲真正的领导力，每个普通的员工也不需要领导者的思维，做一个螺丝钉在我们这个时代还是一种安排，很多时候，如果我们给普通员工和中层管理者也讲管理战略的话，那可能很多中层就会思考自己是总经理的时候该怎么办，这样可能不是好事情。

三、高明的管理者善于平衡和调用各方面的力量

西方是契约社会，他们统一的思想是订立契约条款，当没有或条款不当时，坐下来谈出一个契约来，然后大家遵守就好了，但是中国人没这传统，因为宗族社会的特征，所以就会依据他所在派系中的明面上的或非正式任命的他认为的宗族长的意志来决定，并且私下之间互相进行利益交换，这就是所谓的人情社会，这就是中国特色的资源交换方式，所以才会有所谓的中国式管理在中国大行其道。

中国式的管理方式实际上就是将简单的事情当成不简单的事情去办，人际因素在管理中占据了重要的位置，中国管理者大部分的精力都不在自己的事业上，而是在维护自己的人际关系上。无数成功学都在摆明人脉第一，在中国这样的人治社会里，如果要做一件事情，也只有把握了人，才能把握资源，经济发展的本源在于创造新的财富，而人情社会则兴致勃勃地致力于资源的人为的再分配。

在对待资源的问题上，高明的管理者善于平衡和调用各方面的力量，能够致力于财富的创造，也能够在市场上运用企业的人脉资源来实现资源的整合和积累。其实二者之间并不矛盾，而是需要一种平衡。

在内部统一力量一直是一个管理问题，这就需要对组织行为规律有一定的理解，企业内的派系是一定存在的，放到社会上也是如此，我们无法回避而应当正视中国社会的派系斗争与团队问题，但是企业管理者第一件事就是别神神秘秘的，应当承认存在派系这种组织中的状态，而管理者要做的就是，在你的团队中，明确如果要有派系，只有一个，那就是以管理者或者管理层的意志为主导的派系，独裁不好，管理层独裁有时候也不好，但是在面对派系利益和权力平衡的问题上，就需要十足的领导力。在这样复杂的人际关系的环境中，如果管理者文绉绉地先搞西方那一套是不行的。

企业内的党派之争很正常，对于同一件事情，不同的人理解起来也不同，管理者能够做到的，就是和利益诉求点一致的人建立统一联盟关系，将和你理想不一致的人割离出去，目的是为了实现自己派系的崇高理想，用最强有力的手段来统一派系。

东方人的斗争哲学是精深的，不过在企业中不能玩太多的权谋，但是管理者如果对权术的问题不懂的话，也会陷入被动，知之而不用是比较好的策略。企业管理者必须要统一派系，只有一个派系的时候也就建立了团队。团队没有成型，将面临无数内耗的问题，管理者面临着对你手下的信任危机，面临着考虑问题与执行力问题时还要考虑各方利益。

用中国人的话说是：这些人都是你的人了。虽然他们中还会形成一定的派系，但是是松散型的，处于平衡状态了，最大的利益诉求点已统一了。用西方的观点叫：执政党有组织有纪律，高度行为统一，在议院投票以党的观点为统一了。

世界经理人网站有专业文章认为，平衡各方利益和整合各方资源的管理工具就是沟通，古今中外的管理者都是沟通的高手，良好的沟通是团队合作的基础。有人认为，杰克·韦尔奇最成功的地方，是他在 GE 公司建立起非正式沟通的企业文化。他强调只有"顺畅地沟通"，企业才能不断进取。韦尔奇所倡导的"顺畅地沟通"就是治疗派系斗争的良方，这也是绝大部分参与讨论的世界经理人网站的用户的建议。

企业建立沟通文化，处于一种坦诚、沟通、协作的文化氛围中，员工会乐于沟通，易于形成共同的价值体系。韦尔奇在 GE 时，"希望人们勇于表达反对意见，呈现出所有的事实面，并尊重不同的观点"。他说："这是我们化解矛盾的方法。"

如果企业内部形成了几个沟通中心的话，也就会形成企业内的派系，管理者能够做到的就是在第一时间建立一个沟通中心，将企业的所有问题放在一个篮子里进行讨论，而不是几个，这样就能够将所有的问题都摆在桌面上，所有人都能够看得到，然后就是管理者发挥领导力的地方，针对派系的意见，进行公正公允的决策，解决问题。以最快速度建立唯一的派系，其实就是像西方社会一样组织起有目标，有理想，有行动纲领，有共同利益点的政党，然后成为执政党，为执行力扫清一切障碍。

因此，管理者不妨把相互对立的团队领导召集到一起，大家开诚布公地谈谈。有什么想法直接提，不遮遮掩掩，找出产生矛盾的根源，并且解决问题。

第二节　水至清则无鱼，不追求团队
内部的绝对"清纯"

一、淡然看待团队内部的"小争斗"

经济学和媒体学者邱伟在一篇研究黑道经济的论文中写道：在个人利益与集体利益之间并不必然存在和谐的利益关系，个人理性与集体理性之间存在冲突，它表现为集体行动的困境。美国著名社会学者奥尔森将亚当·斯密提出的"看不见的手"的理论称为经济学和社会科学中的"第一定律"，它的基本含义是，当个体只谋求自身利益时，理性的社会结果会自动出现。和第一定律相对，经济学和社会科学中还存在"第二定律"：在个人追求自身利益时，理性的社会结果并不会自动出现。

"第二定律"即是奥尔森提出的集体行动的逻辑。集体行动的逻辑指出个人利益与集体利益之间的冲突，理性的个人行为一般不会导致理性的集体结果。

除非一个组织集团中的人数很少，存在强制或其他某些特殊手段促使个人按照他们的共同利益行动，理性的、自利的个人将不会采取行动以实现他们共同的或集团的利益。集体行动的逻辑指出，个人利益和集体利益之间存在冲突，个人理性并不是集体理性的充分条件。

换句话说，集体好不代表个人好，国家好不代表个人好。在组织中个人的追求不一定就是组织的目标。同样，组织也可能体现的是少数人的利益而不是每个人的利益。

所以管理者必须清晰的认识到，在组织内企业不存在一个完整统一的群体，只要有群体，就会有利益的争斗，企业内的员工为自己谋求利益是天经地义的事情，只要不触及公司的底线，管理者就不要去将所有的利益细节全部放在桌面之上。

俗话说得好，水至清则无鱼。鱼缸里的水虽然清澈见底，但生长在其中的鱼长不大，活不长。江海的水虽然混浊，却能够容纳更多更大的鱼。富有营养的水才能够养得了鱼，管理者需要思考如何才能建立一个富有营养的水环境。这是一种生态的思维。

从管理学的原理来看，企业组织的方方面面留有余地，互存不良，反而顺理成章，和谐有序。当你想水清一点，不妨浑一点；想快一点，不如慢一点；想求好一点，不如差一点，这可能就是残缺美在管理实践中的表现吧。

不管企业内部的小争斗或者不如意的地方是怎么样的，这是企业内部的事情，世间并无绝对的真理，没什么东西一定就是对，或者一定就是错。所谓的对错，只不过因为立场不同、角度不同，得出的观点有所区别罢了。所以管理者必须大度一点，只要不是原则问题，还是难得糊涂的好。

企业内部的争斗也是有原则的，如果发展成内讧，那是完全不能容忍的。高层矛盾必须在高层解决，不能影响企业的根基。企业内讧，高层之间矛盾显露，人心涣散，这个时候竞争对手挖人无疑是最好时机。而这些优秀人才去到竞争对手那里，无疑将导致人才的流失，企业将面临更加严峻的考验。

企业内部人和的重要性是第一位的。天时、地利、人和这些因素都会影响到企业竞争的胜败，但最终起决定作用的既不是天时，也不是地利，而是人和。对于企业管理来说，"人和"就是要建立和谐的人际关系，而导致一个企业衰败破产的根本原因也往往不是来自外部的竞争，而是由于内部的矛盾和冲突。一个公司的成功，有赖于员工团结合作以实现共同的目标，而不当的冲突和竞争足以毫不含糊地毁掉一个组织，所以管理者必须将企业内部的冲突因素控制在最低的水平。

二、对待团队内部各派力量的"三不原则"

企业作为个体的集合，组织就如一个大树林，不同的鸟儿聚在其中，构成了一个复杂的生态环境。因此，有效管理绝不是一个单纯过程，它应当具有针对性、包容性和灵活性，否则，管理就丧失了本质意义。

作为企业的管理者，需要学会包容，芸芸众生，性格各异，你不可能喜欢每一个人，也无法让所有人喜欢。在现实生活中，很多人对自己不喜欢的人嗤之以鼻或敬而远之，这种做法其实是过于偏颇的行为，势必对人际关系和事业发展造成不利的影响。

在企业的内部，平衡部门矛盾的时候，需要遵循一些原则，管理者就能够从中获得好的结果。内部控制应当能够为内部控制目标的实现提供合理保证。企业全体员工应当自觉维护内部控制的有效执行。内部控制建立和实施过程中存在的问题应当能够得到及时的纠正和处理。企业的机构、岗位设置和权责分配应当科学合理并符合内部控制的基本要求，确保不同部门、岗位之间权责分明和有利于相互制约、相互监督。履行内部控制监督检查职责的部门应当具有良好的独立性，任何人不得拥有凌驾于内部控制之上的特殊权力。

内部控制应当在兼顾全面的基础上突出重点，针对重要业务与事项、高风险领域与环节采取更为严格的控制措施，确保不存在重大缺陷。企业就是为做事而存在的，所以管理者就需要紧紧围绕着做事这个核心，不管企业内部的派系怎么争斗，都不能脱离更好的做事的原则，这样才会将一切的斗争变成良性的，而不是恶性的。

对待团队内部各派力量的"三不原则"，是管理上的常识，对事不对人，不参与，不放手三个原则能够处理好的话，在团队内部也就不会产生破坏性的后果。

作为管理者，面对派系力量，需要将他们的矛盾都引导到企业内部事务上，对事不对人的原则虽然大家都知道，但是真正能够做到的则少之又少，因为人都是感情动物，很容易根据自己的情感作出判断，将企业内的斗争引向正常的竞争，这是对企业有利的。

不要参与到员工的派系斗争是一个原则，不要耳根软，这是一个做事的原则，对于部门和派系竞争，不要参与进去。因为人都不是圣人，在派系的争斗中，信息不平衡的时候也容易给管理者本身带来误导，产生偏听偏信的结果。如果下属也是一个表达能力超强的人，是能够改变管理者的判断的。所以一般的管理者还是不参与斗争，任何一方要是批评其他人，管理者都要直接将自己的态度明确一下：你们自己的事情，我不参与，但是无论怎么样，你们不能撕破脸皮，相互之间有度，否则我看到就会批评。这样的下属当然就不会再将管理者拉入局中。

企业管理者对于企业内的派系斗争做到完全掌控不放手的原则，企业内部的派系斗争如果失控的话，就会引起内讧，所以任何内部矛盾都是需要化解的，而不是听之任之，很多管理者迷信制衡的作用，觉得让下面几个人斗来斗去，自己落个清闲，还做个仲裁者。这个想法是完全错误的，企业内部的争斗如果不是建设性的，那是对企业文化的破坏，很容易造成人心涣散的局面，这对企业的长远发展是十分不利的，所以管理者不能不察。

三、把团队管理当作一门技术

微观的管理实际上就是一种术，或者称为一种技术。因为人形成的组织实际上是有共同规律的，在管理技术上，都是基于一种经验的积累，管理者不一定是单项能力很强的人，但却是一个玩平衡木的高手，否则，这样的管理者是很被动的。

把团队管理当作是一门技术，中国的管理者从来对此就不陌生，中国的四大名著，在我们很小的时候就看完了。从管理学的视角去看他们，那都是很好的有关管理学的著作，人性的高尚和黑暗，在这样的书籍中表现得淋漓尽致。

驭人者必先驭其心，这是历朝历代管理学的精髓。在《水浒传》中宋江的管人之术实际上是值得管理者去学习的，如果管理者还处在一个人治的企业中，宋江的管理之术是值得研究的。

论长相，宋江长得黑且矮，相貌平平，毫不出众。《水浒传》第十八回借用时任济州府三都缉捕使何涛的目光，对宋江作了一番描述："眼如丹凤，眉似卧蚕，滴溜溜两耳悬珠，明皎皎双睛点漆。唇方口正，髭须地阁轻盈；额阔顶平，皮肉天仓饱满。""为他面黑身矮，人都唤他做黑宋江"。

对自己的这些先天不足，宋江倒是从容面对，毫不掩饰，表现出了坦荡磊落、光明正大的宽阔胸怀。《水浒传》第六十八回借用宋江的话说："非宋某多谦，有三件不如卢员外：第一件，宋江身材黑矮，貌拙才疏；第二件，宋江出身小吏，犯罪在逃；第三件，宋江文不能安邦，武又不能附众，手无缚鸡之力，身无寸箭之功。"

但恰恰就是这样一个各方面不起眼、不优秀的捉刀小吏却偏偏赢得了梁山众位好汉们的一致拥戴。说明宋江具备了管理素质和能力——这是真正令人深思和考究的方面。

宋江手下大将如云，107 将之外，加上河北战田虎、淮西擒王庆、江南平方腊所得降将，总共不下 140 人。这些带兵大将来自五湖四海，天南地北，个个身怀绝技，出身阅历和社会地位差异很大。正如第七十一回所言："其人则有帝王神孙，富豪将吏，并三教九流，乃至猎户渔人，屠儿刽子。"但他们都能臣服于宋江，同心协力效命沙场，中无一个变节者，个个赢得绝世英名，岂不令人感叹宋江的驭人之术！

宋江所具备的"仁、义、礼、智、信"这种传统社会优良品德充溢在故事的字里行间。这种优良品德使他名扬四海,成为英雄豪杰心目中的精神偶像,从而为他确定了广泛且牢固的群众基础。

宋江的"仁义"在书中描写很多。如第十八回写道:宋江"于家大孝,为人仗义疏财,人皆称他做孝义黑三郎。"又写道:"宋江平生只好结识江湖上好汉,但有人来投奔他的,若高若低,无有不纳,便留在庄上馆谷,终日追陪,并无厌倦。若要起身,尽力资助,端的是挥金似土。人问他求财物,亦不推托;且好做方便,每每排难解纷,只是周济人性命。时常散施棺材药饵,济人贫苦,周人之急,扶人之困,以此山东、河北闻名,都称他做及时雨,都把他比作的及时雨一般,能救万物。"

管理者有如宋江者很多,在团结团队的过程中,管理者善用细腻的情感收买策略,将一些团队的重要成员的心俘虏过来。这是一种策略,也是一门技术。

人是感情动物,无论伟大人物还是普通百姓,都不能拒绝感情的作用。法理、道德规范不能发挥作用的地方,感情却可以起作用。领导者只有与其他人沟通交流,增进理解,产生亲切感和信任感,才能够关系融洽、合作愉快,这样整个群体运作才会流畅,合理构建适应性的人才组织结构,不断增强组织成员们的责任感和义务感,最终发挥整体效益,实现目标。人的感情因素中既包括了人性的优点,也包括了人性的弱点。作为企业领袖,一定是深深了解人性的人。

在儒家文化圈之内,中庸之道其实是非常好的领导方式,黑道组织的治理当然也需要中庸之道,发展越大的组织越具备与时俱进的能力,最终和正常社会达到一个动态的平衡。

中庸之道是中国传统的文化精髓。古人说中庸之道,现代人称为平衡艺术。早在几千年前,中华文明的老祖宗就已了解到事物是个矛盾的统一体，买东西的和卖东西的，企业的利益员工的利益，员工的激励和惩罚等，世上的任何事物都是矛盾的。事物的发展也是矛盾发展的结果，关键是找出矛盾的平衡点，这才是一种稳健的思想。在作决策的时候，偏袒某一方，就会激化矛盾，事物就会发生巨大的变化，事情就会向不可控制的方向发展。所以说，中庸之道是一种稳健的思想，不是颓废的，而是积极的行动哲学。极端只能作为思想，落实到行动之中，必须要顾及各方利益，做到了这一点的组织，才是一个理性的组织。

第九章

平衡管理工具：平衡
计分卡BSC系统

平衡计分卡是一种战略绩效管理及评价的实用工具。

第一节　平衡计分卡的理论和内容

一、平衡计分卡包含的五项平衡

平衡计分卡是一种战略绩效管理及评价的实用工具。

平衡计分卡是从财务、客户、内部运营、学习与成长四个角度，将组织的战略落实为可操作的衡量指标和目标值的一种新型绩效管理体系。设计平衡计分卡的目的就是要建立"实现战略制导"的绩效管理系统，从而保证企业战略得到有效的执行。因此，人们通常称平衡计分卡是加强企业战略执行力的最有效的战略管理工具。

企业经营实际上会有一系列的指标，使得整个企业的运营实现平衡，这就和人体一样，人体是由很多器官组成的，而器官在运行的过程中会出现很多的运行指标，这个指标是否正常，实际上就涉及人体健康监测的方法。平衡计分卡将企业所有的经营要素都罗列出来，建立一个平衡的模型，然后在经营的过程中开始注意这样的平衡，采取行动，以保证企业健康发展。

实际上，平衡计分卡方法打破了传统的只注重财务指标的业绩管理方法。平衡计分卡认为，传统的财务会计模式只能衡量过去发生的事情（落后的结果因素），但无法评估组织前瞻性的投资（领先的驱动因素）。在工业时代，注重财务指标的管理方法还是有效的。但在信息社会里，传统的业绩管理方法并不全面，组织必须通过在客户、供应商、员工、组织流程、技术和革新等方面的投资，获得持续发展的动力。正是基于这样的认识，平衡计分卡方法认为，组织应从四个角度审视自身业绩：学习与成长、业务流程、顾客、财务。

其中，平衡计分卡所包含的五项平衡：

第一，财务指标和非财务指标的平衡。目前企业考核的一般是财务指标，而对非财务指标（客户、内部流程、学习与成长）的考核很少，即使有对非财务指标的考核，也只是定性的说明，缺乏量化的考核、系统性和全面性。

第二，企业的长期目标和短期目标的平衡。平衡计分卡是一套战略执行的管理系统，如果以系统的观点来看平衡计分卡的实施过程，则战略是输入，财务是输出。

第三，结果性指标与动因性指标之间的平衡。平衡计分卡以有效完成战略为动因，以可衡量的指标为目标管理的结果，寻求结果性指标与动因性指标之间的平衡。

第四，企业组织内部群体与外部群体的平衡。平衡计分卡中，股东与客户为外部群体，员工和内部业务流程为内部群体，平衡计分卡可以发挥在有效执行战略的过程中平衡这些群体间利益的重要性。

第五，领先指标与滞后指标之间的平衡。财务、客户、内部流程、学习与成长这四个方面包含了领先指标和滞后指标。财务指标就是一个滞后指标，它只能反映公司上一年度发生的情况，不能指导企业如何改善业绩和可持续发展。而对于后三项领先指标的关注，使企业达到了领先指标和滞后指标之间的平衡。

平衡计分卡的五项平衡实际上就相当于人体重要器官的运行参数，企业经营在没有这个工具之前，很少有成体系的综合标准，有了这个工具，就可以随时对企业的经营状况做一个全面的体检了。

二、平衡计分卡的基本内容

平衡计分卡不仅是一种管理手段，也体现了一种管理思想：只有量化的指标才是可以考核的；必须将要考核的指标进行量化。组织愿景的达成要考核多方面的指标，不仅包括财务要素，还包括客户、业务流程、学习与成长。自平衡计分卡方法提出之后，其对企业全方位的考核及关注企业长远发展的观念受到学术界与企业界的充分重视，许多企业尝试引入平衡计分卡作为企业管理的工具。

实施平衡计分卡的管理方法主要有以下优点：克服财务评估方法的短期行为；使整个组织行动一致，服务于战略目标；能有效地将组织的战略转化为组织各层的绩效指标和行动；有助于各级员工对组织目标和战略的沟通和理解；有利于组织和员工的学习成长和核心能力的培养；实现组织长远发展；通过实施 BSC，提高组织整体管理水平。

平衡计分卡中的目标和评估指标来源于组织战略，它把组织的使命和战略转化为有形的目标和衡量指标。

BSC 中客户方面，管理者们确认了组织将要参与竞争的客户和市场部分，并将目标转换成一组指标。如市场份额、客户留住率、客户获得率、顾客满意度、顾客获利水平等。BSC 中的内部经营过程方面，为吸引和留住目标市场上的客户，满足股东对财务回报的要求，管理者需关注对客户满意度和实现组织财务目标影响最大的内部过程，并为此设立衡量指标。

在这一方面，BSC 重视的不是单纯的现有经营过程的改善，而是以确认客户和股东的要求为起点、满足客户和股东要求为终点的全新的内部经营过程。

BSC 中的学习和成长方面确认了组织为了实现长期的业绩而必须进行的对未来的投资，包括对雇员的能力、组织的信息系统等方面的衡量。组织在上述各方面的成功必须转化为财务上的最终成功。

产品质量、完成订单时间、生产率、新产品开发和客户满意度方面的改进只有转化为销售额的增加、经营费用的减少和资产周转率的提高，才能为组织带来利益。因此，BSC 的财务方面列示了组织的财务目标，并衡量了战略的实施和执行是否为最终的经营成果的改善作出贡献。BSC 中的目标和衡量指标是相互联系的，这种联系不仅包括因果关系，而且包括结果的衡量和引起结果的过程的衡量相结合，最终反映组织战略。

平衡计分卡方法因为突破了财务作为唯一指标的衡量工具，做到了多个方面的平衡，与传统评价体系比较，具有如下特点：

第一，平衡计分卡为企业战略管理提供了强有力的支持。平衡计分卡的评价内容与相关指标和企业战略目标紧密相连，企业战略的实施可以通过对平衡计分卡的全面管理来完成。

第二，平衡计分卡可以提高企业整体管理效率。平衡计分卡所涉及的四项内容，都是企业未来发展成功的关键要素，通过平衡计分卡所提供的管理报告，将看似不相关的要素有机地结合在一起，可以大大节约企业管理者的时间，提高企业管理的整体效率，为企业未来成功发展奠定坚实的基础。

第三，注重团队合作，防止企业管理机能失调。平衡计分卡通过对企业各要素的组合，让管理者能同时考虑企业各职能部门在企业整体中的不同作用与功能，使他们认识到某一领域的工作改进可能是以其他领域的退步为代价换来的，促使企业管理部门考虑决策时从企业出发，慎重选择可行方案。

第四，平衡计分卡可提高企业激励作用，扩大员工的参与意识。平衡计分卡强调目标管理，鼓励下属创造性地（而非被动）达成目标，这一管理系统强调的是激励动力。

第五，平衡计分卡可以使企业信息负担降到最少。可以使企业管理者仅仅关注少数而又非常关键的相关指标，在保证满足企业管理需要的同时，尽量减少信息负担成本。

企业经营的直接目的和结果是为股东创造价值。尽管由于企业战略的不同，在长期或短期对于利润的要求会有所差异，但毫无疑问，从长远角度来看，利润始终是企业所追求的最终目标。如何向客户提供所需的产品和服务，从而满足客户需要，提高企业竞争力。客户角度正是从质量、性能、服务等方面，考验企业的表现。企业是否建立起合适的组织、流程、管理机制，在这些方面存在哪些优势和不足？内部角度从以上方面着手，制定考核指标。企业的成长与员工能力素质的提高息息相关，企业唯有不断学习与创新，才能实现长远的发展。

第二节 平衡计分卡的设计和实施

一、平衡计分卡设计的核心内容

BSC 是一套从四个方面对公司战略管理的绩效进行财务与非财务综合评价的评分卡片，不仅能有效克服传统的财务评估方法的滞后性、偏重短期利益和内部利益以及忽视无形资产收益等诸多缺陷，而且是一个科学的集公司战略管理控制与战略管理的绩效评估于一体的管理系统，其基本原理和流程简述如下：

第一，以组织的共同愿景与战略为内核，运用综合与平衡的哲学思想，依据组织结构，将公司的愿景与战略转化为下属各责任部门（如各事业部）在财务（Financial）、顾客（Customer）、内部流程（Internal Processes）、创新与学习（Innovation & Learning）四个方面的系列具体目标（即成功的因素），并设置相应的四张计分卡片，以数据化和模型化的评估，对企业的经营状况进行把握。

第二，依据各责任部门分别在财务、顾客、内部流程、创新与学习四种计量可具体操作的目标，设置对应的绩效评价指标体系，这些指标不仅与公司战略目标高度相关，而且是以先行（Leading）与滞后（Lagging）两种形式，同时兼顾和平衡公司长期和短期目标、内部与外部利益，综合反映战略管理绩效的财务与非财务信息。

第三，由各主管部门与责任部门共同商定各项指标的具体评分规则。一般是将各项指标的预算值与实际值进行比较，对应不同范围的差异率，设定不同的评分值。以综合评分的形式，定期（通常是一个季度）考核各责任部门在财务、顾客、内部流程、创新与学习四个方面的目标执行情况，及时反馈，适时调整战略偏差，或修正原定目标和评价指标，确保公司战略得以顺利与正确地实行。

平衡计分卡的设计包括四个方面：财务角度、客户角度、内部经营流程、学习与成长。这几个角度分别代表企业三个主要的利益相关者：股东、客户、员工，每个角度的重要性取决于角度的本身和指标的选择是否与公司战略相一致。其中每一个方面，都有其核心内容：

第一，财务层面。

财务业绩指标可以显示企业的战略及其实施和执行是否对改善企业赢利作出贡献。财务目标通常与获利能力有关，其衡量指标有营业收入、资本报酬率、经济增加值等，也可能是销售额的迅速提高或创造现金流量。

第二，客户层面。

在平衡计分卡的客户层面，管理者确立了其业务单位将竞争的客户和市场，以及业务单位在这些目标客户和市场中的衡量指标。客户层面指标通常包括客户满意度、客户保持率、客户获得率、客户赢利率，以及在目标市场中所占的份额。客户层面使业务单位的管理者能够阐明客户和市场战略，从而创造出出色的财务回报。

第三，内部经营流程层面。

在这一层面上，管理者要确认组织擅长的关键的内部流程，这些流程可以帮助业务单位提供价值主张，以吸引和留住目标细分市场的客户，并满足股东对卓越财务回报的期望。

第四，学习与成长层面。

它确立了企业要创造长期的成长和改善就必须建立基础框架，确立了目前和未来成功的关键因素。平衡计分卡的前三个层面一般会揭示企业的实际能力与实现突破性业绩所必需的能力之间的差距，为了弥补这个差距，企业必须投资于员工技术的再造、组织程序和日常工作的理顺，这些都是平衡计分卡学习与成长层面追求的目标。如员工满意度、员工保持率、员工培训和技能等，以及这些指标的驱动因素。

最好的平衡计分卡不仅仅是重要指标或重要成功因素的集合。一份结构严谨的平衡计分卡应当包含一系列相互联系的目标和指标，这些指标不仅前后一致，而且互相强化。例如，投资回报率是平衡计分卡的财务指标，这一指标的驱动因素可能是客户的重复采购和销售量的增加，而这二者是客户的满意度带来的结果。因此，客户满意度被纳入计分卡的客户层面。通过对客户偏好的分析显示，客户比较重视按时交货率这个指标，因此，按时交付程度的提高会带来更高的客户满意度，进而引起财务业绩的提高。于是，客户满意度和按时交货率都被纳入平衡计分卡的客户层面。而较佳的按时交货率又通过缩短经营周期并提高内部过程质量来实现，因此这两个因素就成为平衡计分卡的内部经营流程指标。企业要改善内部流程质量并缩短周期的实现又需要培训员工并提高他们的技术，员工技术成为学习与成长层面的目标。这就是一个完整的因果关系链，贯穿平衡计分卡的四个层面。

平衡计分卡通过因果关系提供了把战略转化为可操作内容的一个框架。根据因果关系，对企业的战略目标进行划分，可以分解为实现企业战略目标的几个子目标，这些子目标是各个部门的目标，同样，各中级目标或评价指标可以根据因果关系继续细分直至最终形成可以指导个人行动的绩效指标和目标。

平衡计分卡是一种革命性的评估和管理体系，具体包括四个层面：财务面、客户面、内部营运面、学习与成长面。

第一，财务面。

财务性指标是一般企业常用于绩效评估的传统指标。它可显示出企业的战略及其实施和执行是否正在为最终经营结果（如利润）的改善作出贡献。但是，不是所有的长期策略都能很快产生短期的财务赢利。非财务性绩效指标（如质量、生产时间、生产率和新产品等）的改善和提高是实现目的的手段，而不是目的的本身。财务面指标衡量的主要内容：收入的增长、收入的结构、降低成本、提高生产率、资产的利用和投资战略等。

第二，客户面。

平衡计分卡要求企业将使命和策略诠释为具体的与客户相关的目标和要点。企业应以目标顾客和目标市场为导向，应当专注于是否满足核心顾客需求，而不是企图满足所有客户的偏好。客户最关心的不外乎五个方面：时间，质量，性能，服务和成本。企业必须为这五个方面树立清晰的目标，然后将这些目标细化为具体的指标。客户面指标衡量的主要内容：市场份额、老客户挽留率、新客户获得率、顾客满意度、从客户处获得的利润率。

第三，内部营运面。

建立平衡计分卡的顺序，通常是在先制定财务和客户方面的目标与指标后，才制定企业内部流程面的目标与指标，这个顺序使企业能够抓住重点，专心衡量那些与股东和客户目标息息相关的流程。内部运营绩效考核应以对客户满意度和实现财务目标影响最大的业务流程为核心。内部运营指标既包括短期的现有业务的改善，又涉及长远的产品和服务的革新。内部运营面指标涉及企业的改良/创新过程、经营过程和售后服务过程。

第四，学习与成长面。

学习与成长的目标为其他三个方面的宏大目标提供了基础架构，是驱使上述计分卡三个方面获得卓越成果的动力。面对激烈的全球竞争，企业今天的技术和能力已无法确保其实现未来的业务目标。削减对企业学习和成长能力的投资虽然能在短期内增加财务收入，但由此造成的不利影响将在未来给企业带来沉重打击。学习和成长面指标涉及员工的能力、信息系统的能力与激励、授权与相互配合。

更进一步而言，平衡计分卡的发展过程中特别强调描述策略背后的因果关系，借客户面、内部营运面、学习与成长面评估指标的完成而达到最终的财务目标。

二、平衡计分卡的实施原则

一个结构严谨的平衡计分卡，应包含一连串连接的目标和量度，这些量度和目标不仅前后连贯，同时互相强化。就如同飞行仿真器，包含一套复杂的变量和因果关系，其包括领先、落后和回馈循环，并能描绘出战略的运行轨道和飞行计划。

建立一个战略为评估标准的平衡计分卡须遵守三个原则：

第一，因果关系；

第二，成果量度与绩效驱动因素；

第三，与财务联结。

此三原则将平衡计分卡与企业战略联结，其因果关系链代表目前的流程和决策，会对未来的核心成果造成哪些正面的影响。这些量度的目的是向组织表示新的工作流程规范，并确立战略优先任务、战略成果及绩效驱动因素的逻辑过程，以进行企业流程的改造。

中国企业重视绩效评价是最近几年的事。平衡计分卡作为一种全新的绩效考核方式，已为世界众多知名公司运用。国内目前已有众多专家、学者、企业界人士讨论平衡计分卡的推广与运用问题。虽然平衡计分卡模式的观念已经具有一定的普遍性与实际效果，企业通过采用平衡计分卡而脱胎换骨的例证也时有所闻，然而，想成功地实施平衡计分卡仍是一项大挑战，需要投入相当的成本与力度。在实施过程中，要注意如下几方面的问题。

第一，切勿照抄照搬其他企业的模式和经验。实践证明，只有将平衡计分卡的原理与企业的具体情况相结合才能发挥平衡计分卡的功效，不能简单地模仿其他公司已经开发完成的平衡计分卡。因为不同的公司有不同的背景和战略任务，所以各自平衡计分卡四个层面的目标及其衡量指标皆不同；即使相同的目标也可能采取不同的指标来衡量；另外，不同公司的指标之间的相关性也不同；相同的指标也会因产业不同而导致作用不同。总之，每个企业都应开发具有自身特色的平衡计分卡，如果盲目地模仿或抄袭其他公司，不但无法充分发挥平衡计分卡的长处，反而会影响到对企业业绩的正确评价。

第二，提高企业管理信息质量的要求。与欧美企业相比，我国企业信息的精细度和质量要求相对偏低，这会在很大程度上影响到平衡计分卡应用的效果。因为信息的精细度与质量的要求度不够，会影响企业实施平衡计分卡的效果，如导致所设计与推行的考核指标过于粗糙，或不真实准确，无法有效衡量企业的经营业绩。此外，由于无法正常发挥平衡计分卡的应有作用，还会挫伤企业对其应用的积极性。

第三，正确对待平衡计分卡实施时投入成本与获得效益之间的关系。平衡计分卡的四个层面彼此是连接的，要提高财务方面首先要改善其他三个方面，要改善就要有投入，所以实施平衡计分卡首先出现的是成本而非效益。更为严重的是，效益的产生往往滞后很多时间，使投入与产出、成本与效益之间有一个时间差，这可能是 6 个月，也可能是 12 个月，或更长的时间。因而往往会出现客户满意度提高了，员工满意度提高了，效率也提高了，可财务指标却下降的情况。关键的问题是在实施平衡计分卡的时候一定要清楚，非财务指标的改善所投入的大量投资，在可以预见的时间内，可以从财务指标中收回，不要因为实施了 6 个月没有效果就没有了信心，应该将眼光放得更远些。

第四，平衡计分卡的执行要与奖励制度结合。公司中每个员工的职责虽然不同，但使用平衡计分卡会使大家清楚企业的战略方向，有助于群策群力，也可以使每个人的工作更具有方向性，从而增强每个人的工作能力和效率。为充分发挥平衡计分卡的效果，需在重点业务部门及个人等层次上实施平衡计分卡，使各个层次的注意力集中在各自的工作业绩上。这就需要将平衡计分卡的实施结果与奖励制度挂钩，注意对员工的奖励与惩罚。

有了这些实施的原则，在实施平衡计分卡的过程中就能够做到合适的度，这些原则能够指导管理者和员工的行为，这实际上就成了执行层的行动指南。

三、平衡计分卡的实施步骤

平衡计分卡也不是一个万能灵药，它的缺点也是十分明显的，它只是一个管理工具，不能代替管理者去做战略判断，也不适用于战略制定。卡普兰和诺顿特别指出，运用这一方法的前提是，企业应当已经确立了一致认同的战略，它并非流程改进的方法。类似于体育运动计分卡，平衡计分卡并不告诉你如何去做，而只是以定量的方式告诉你做得怎样。

平衡计分卡是对传统绩效评价方法的一种突破，但是不可避免地也存在自身的一些缺点。

第一，实施难度大。

平衡计分卡的实施要求企业有明确的组织战略；高层管理者具备分解和沟通战略的能力和意愿；中高层管理者具有指标创新的能力和意愿。因此，管理基础差的企业不可以直接引入平衡计分卡，必须先提高自己的管理水平，才能循序渐进地引进平衡计分卡。

第二，指标体系的建立较困难。

平衡计分卡对传统业绩评价体系的突破就在于它引进了非财务指标，克服了单一依靠财务指标评价的局限性。然而，这又带来了另外的问题，即如何建立非财务指标体系、如何确立非财务指标的标准以及如何评价非财务指标。我们知道，财务指标的创立是比较容易的，而其他三个方面的指标则比较难以收集，需要企业长期探索和总结。而且不同的企业面临着不同的竞争环境，需要不同的战略，进而设定不同的目标，因此在运用平衡计分卡时，要求企业的管理层根据企业的战略、运营的主要业务和外部环境加以仔细斟酌。

第三，指标数量过多。

指标数量过多，指标间的因果关系很难做到真实、明确。平衡计分卡涉及财务、顾客、内部业务流程、学习与成长四套业绩评价指标，合适的指标数目是 20 ~ 25 个。其中，财务角度 5 个，客户角度 5 个，内部流程角度 8 ~ 10 个，学习与成长角度 5 个。如果指标之间不是呈完全正相关的关系，我们在评价最终结果的时候，应该选择哪个指标作为评价的依据；如果舍掉部分指标的话，是不是会导致业绩评价的不完整性。这些都是在应用平衡计分卡时要考虑的问题。

平衡计分卡对战略的贯彻基于各个指标间明确、真实的因果关系，但贯穿平衡计分卡的因果关系链很难做到真实、可靠，就连它的创立者都认为，"要想积累足够的数据去证明平衡计分卡各指标之间存在显著的相关关系和因果关系，可能需要很长的时间，可能要几个月或者几年。在短期内经理对战略影响的评价，不得不依靠主观的定性判断"。而且，如果竞争环境发生了激烈的变化，原来的战略及与之适应的评价指标可能会丧失有效性，从而需要重新修订。

第四，各指标权重的分配比较困难。

对企业业绩进行评价，就必然要综合考虑上述四个层面的因素，这就涉及一个权重分配问题。使问题复杂的是，不但要在不同层面之间分配权重，而且要在同一层面的不同指标之间分配权重。不同的层面及同一层面的不同指标分配的权重不同，将可能导致不同的评价结果。而且平衡计分卡也没有说明针对不同的发展阶段与战略需要确定指标权重的方法，故而权重的制定并没有一个客观标准，这就不可避免地使得权重的分配带有浓厚的主观色彩。

第五，部分指标的量化工作难以落实。

尤其是对于部分很抽象的非财务指标的量化工作非常困难，如客户指标中的客户满意程度和客户保持程度如何量化，再如，员工的学习与发展指标及员工对工作的满意度如何量化等。这也使得在评价企业业绩的时候，不可避免地带有主观的因素。

第六，实施成本大。

平衡计分卡要求企业从财务、客户、内部流程、学习与成长四个方面考虑战略目标的实施，并为每个方面制定详细而明确的目标和指标。在对战略的深刻理解外，需要消耗大量精力和时间把它分解到部门，并找出恰当的指标。而落实到最后，指标可能会多达 15～20 个，在考核与数据收集时，也是一个不轻的负担。并且平衡计分卡的执行也是一个耗费资源的过程。一份典型的平衡计分卡需要 3～6 个月去执行，另外，还需要几个月去调整结构，使其规范化，从而总的开发时间经常需要一年或更长的时间。

尽管平衡计分卡有很多的缺点，但是其实施还是有规则可以遵循的。企业在导入平衡计分卡的时候，一般实施步骤如下：

（1）定义远景；

（2）设定长期目标（时间范围为 3 年）；

（3）描述当前的形势；

（4）描述将要采取的战略计划；

（5）为不同的体系和测量程序定义参数。

在构造公司的平衡计分卡时，高层管理人员强调保持各方面平衡的重要性。为了达到该目的，可口可乐瑞典饮料公司采取的就是一种循序渐进的过程，分为三个步骤：

第一步，阐明与战略计划相关的财务措施，然后以这些措施为基础，设定财务目标，并且确定为实现这些目标而应当采取的适当行动。

第二步，在客户和消费者方面重复该过程，在此阶段，注重的问题是"如果我们打算完成我们的财务目标，我们的客户必须怎样看待我们？"

　　第三步，公司明确向客户和消费者转移价值所必需的内部过程，然后公司管理层问自己的问题是：自己是否具备足够的创新精神？自己是否愿意为了公司以一种合适的方式发展和变革？经过上述过程，公司为了确保各个方面达到平衡，并且所有的参数和行动都能向同一个方向变化，公司决定在各方达到完全平衡之前有必要把不同的步骤再重复几次。

　　将平衡计分卡的概念分解到每个员工的层面上很关键。在可口可乐瑞典饮料公司，重要的一点是，只依靠那些个人能够影响到的计量因素来评估个人业绩。这样做的目的是，通过测量与他的具体职责相关联的一系列确定目标来考察他的业绩，根据员工在几个指标上的得分而建立奖金制度，从而保障公司控制或者聚焦于各种战略计划上。

　　其实，平衡计分卡实施的过程也就是考核的过程，没有考核也就无法知道实施的状况，考核需要建立动态的数据库体系，企业管理者能够实时的知道企业的运营状况。目前，平衡计分卡是企业经营业绩评价方面最新、内容最全面的理论和方法，而它所评价的内容与我们的管理业绩评价恰恰有很多相似之处，因此，尝试运用平衡计分卡进行管理业绩评价，肯定会有助于企业提升管理水平。那么，如何通过平衡计分卡的运用来管理业绩呢？

　　第一，从财务指标看企业或组织的获利能力。

　　财务数据是管理业绩评价不可或缺的重要组成部分。企业经营的目的是追求利润。企业管理者的管理业绩水平如何，通过财务数据就能得到一个比较直观的认识。通常情况下，企业的财务指标是和企业的获利能力紧密联系在一起的，包括营业收入、销售增长速度或产生的现金流量、投资报酬率等，甚至可以是更新的一些指标，如经济增加值（EVA）。至于财务子模块在整个管理业绩评价体系中的权重，一般随企业类型及发展阶段的不同而有所区别。譬如传统产业企业的权重就可以高一些，如设为30%或40%；对于高新技术产业企业而言，由于其前期大量的研发费用需要在以后相当长的一段时期内进行摊销，所以其权重应当低一些，如20%左右。再如，在企业的成长阶段，由于各方面的投入数额巨大，财务方面的业绩衡量指标的权重应该低一些，如20%左右，到了成熟阶段则可以适当提高，达到30%～40%。

第二，从内部经营看企业或组织的综合提升力。

传统的业绩评价体系对企业内部经营过程所确定的目标通常是控制和改善现有职能部门的作用，主要依据财务指标评价这些部门的经营业绩，还包括评价产品品质、投资报酬率和生产周期等指标，但它仅仅是强调单个部门的业绩，而不是着眼于综合地改善企业的整体经营过程。而平衡计分卡则强调评价指标的多样化，不仅包括财务指标，还包括非财务指标。它能够综合地反映企业内部的管理业绩水平，其指标可以包括企业推出新品的平均时耗、产品合格率、新客户收入占总收入的比例、生产销售主导时间、售后服务主导时间等，设置的权重为20%左右。

第三，从客户子模块看企业或组织的竞争能力。

竞争优势归根结底来源于企业为客户创造的超过其成本的价值。价值是客户愿意支付的价钱，而超额价值产生于以低于对手的价格提供同等效益或者所提供的独特效益弥补高价后的盈余。所以，满足客户的需要是企业成功发展的必要条件。在平衡计分卡的客户子模块中，企业管理者要确定企业所要争得的竞争性客户和市场份额，并计算在这个目标范围内的业绩情况。对于企业客户管理业绩水平的评价，其核心指标应包括客户满意程度、客户保持程度、新客户的获得、客户赢利能力，即在目标范围内的市场份额和会计份额。假如这些指标数据所反映出来的情况良好，则表示企业的客户管理是卓有成效的，企业也由此取得了一种重要的核心竞争力。在整个管理业绩评价体系中，可根据不同类型企业设置客户管理指标的不同权重，如在工农业企业中的权重可以低一些，为20%左右，而在服务业企业中的权重就应该高一些，如

30%～40%。

第四，从学习创新设计看企业或组织的持续后动力。

企业实现目标、取得成功的重要保证是客户管理和内部经营过程，而企业现有生产能力与业绩目标所要求的实际生产能力之间往往存在着巨大差距。为了减小这些差距，保证上述两方面目标的实现，企业必须在平衡计分卡中确定学习与创新的目标和评价指标，这是企业实现长期目标的力量源泉。一个企业要创新，其管理者的推动作用不可小觑，而管理者要推动企业学习与创新的发展，自己首先必须学会学习与创新。同时，相关的其他主要指标还包括：为员工提供各种培训、提高信息技术、改善信息系统、营造良好的企业文化氛围等。在具体评价时，可以用其措施落实的数量和质量来衡量。这个子模块对于企业管理者个人而言是非常重要的，它直接体现了管理者个人学习与创新的意识和能力，而对于一个有明确发展战略的企业而言，它的权重应该不低于 25%。

平衡计分卡观念的提出，除了使企业在制定战略及衡量其绩效时，兼顾长期与短期、财务与非财务、内部与外部、领先与落后指标之外，更重要的是，它同时主张将企业的战略主题在四大执行层面上展开为具有因果关系的战略目标，并进一步发展各自对应的量度及指标，以及实现该战略目标的必要行动方案。如此一来，平衡计分卡就超出了其设计的初衷——全方位衡量公司绩效，进而发展为企业战略执行的重要工具。

平衡计分卡把战略置于中心地位。平衡计分卡将企业战略目标在四个方面依序展开为具有因果关系的局部目标，并进一步发展对应的评价指标。这些评价指标能把所有的员工拉向总体的远景规划，以及实现战略目标的必要行动方案，并与薪酬体系相联系。

平衡计分卡使战略在企业上下进行交流和学习，并与各部门和个人的目标联系起来。平衡计分卡要求部门和个人制定自己的计分卡，在此过程中，必然要求有更多的交流和相互学习，来确立支持整体目标的局部目标行动方案，并确保组织中的各个层次都能理解长期战略和评价指标，从而使部门及个人目标服从战略目标。

平衡计分卡使战略目标在各个经营层面达成一致。建立平衡计分卡的过程会使不一致的想法显现出来，澄清战略目标，确认重要驱动因素，从而就如何成功达成一致。

平衡计分卡将企业力量集中在战略目标上。当企业利用平衡计分卡制定的各方面目标作为决策行动优先顺序和分配资源的依据时，员工就会采取能推动自己实现长期战略目标的新措施，将力量有效集中，并加以协调。

平衡计分卡成为短期成果和长远发展的桥梁。平衡计分卡把预算和战略目标紧密联系起来并行发展。平衡计分卡预算着重于开发新的能力、接近新的客户和市场、对现有流程和能力做出根本提高的战略预算过程中，努力在短期行为下保证长期目标不受挤压，合理分配资源，从而在不断取得短期成果的过程中促进长远目标的实现。

平衡计分卡使战略不断发展。平衡计分卡可以根据最近的业绩来评价战略，并通过定期和不间断的反馈和学习，鼓励员工积极地为企业的未来出谋划策、参与制定并执行战略。